Library of
Davidson College

COLECCIÓN TIERRA FIRME

QUINIENTOS AÑOS DE HISTORIA, SENTIDO Y PROYECCIÓN

Quinientos años de historia, sentido y proyección

Leopoldo Zea
(Compilador)

FONDO DE CULTURA ECONÓMICA

MÉXICO

Primera edición,   1991
   Primera reimpresión, 1993

D. R. © 1991, Fondo de Cultura Económica, S. A. de C. V.
Carretera Picacho-Ajusco 227; 14200 México, D. F.

ISBN 968-16-3591-4

Impreso en México

PREFACIO

De conformidad con el espíritu que dio origen al acuerdo del gobierno de México para crear la Comisión Nacional Conmemorativa del V Centenario del Encuentro de Dos Mundos se realizó entre los días 20 a 22 de octubre del pasado 1988, el simposium titulado "Quinientos años de Historia en América Latina, Sentido y Proyección". El considerado del acuerdo establece:

1. "Que es propósito del gobierno de la República impulsar el estudio y conocimiento de la historia entre los mexicanos, entendida ésta como medio indispensable para la comprensión de los sucesos que dan identidad y enriquecen la conciencia de las naciones;

    Que la reflexión histórica debe ser base del entendimiento y la cooperación internacional fundados en el respeto entre los pueblos;

    Que la historia nos vincula a países con los que compartimos una tradición cultural que nos ha permitido afrontar los grandes retos derivados de un mundo crecientemente complejo e interdependiente;

    Que el encuentro entre europeos y americanos, ocurrió a partir del 12 de octubre de 1492, dio origen a una nueva etapa en la historia universal, produciendo con ello grandes transformaciones económicas, sociales y culturales en ambos hemisferios, determinando nuevas formas de vida para numerosos grupos humanos e influyendo en la organización y sistemas de convivencia de esos pueblos;

    Que la conmemoración de los quinientos años de este encuentro es motivo propicio para analizar los hechos históricos a la luz de la realidad contemporánea, considerando la influencia que han ejercido los dos mundos entre sí;

    Que debe procurarse un mayor acercamiento entre los países latinoamericanos y de éstos con los de la Península Ibérica, mediante la realización conjunta de acciones y empresas que contribuyan a vigorizar su conciencia histórica y fortalecer su soberanía e identidad;

Que es de interés nacional conmemorar el encuentro de los dos mundos con el examen y la valoración crítica de su consecuencia y significado, así como meditar sobre sus implicaciones y alcances con respecto a la situación mundial contemporánea;

Que es preciso impulsar y desarrollar trabajos de esta naturaleza que coadyuven a la convergencia presente y a la confluencia futura de los países latinoamericanos e ibéricos, por lo cual, he tenido a bien expedir el siguiente..."

2. Se consideró que la conmemoración del V Centenario del Encuentro de Dos Mundos era una extraordinaria oportunidad para hacer el balance de la historia común de los pueblos que ahora forman la América Latina. Balance que hiciese expreso el sentido de tal historia y a partir del mismo, plantearse el interrogante sobre el qué hacer con esos quinientos años de historia. Para hacer de esta historia experiencia que permita asimilar lo positivo y eliminar lo negativo en relación con el futuro nacional y regional de los pueblos de esta América.

Para ello es importante reunir a un destacado grupo de intelectuales de la América Latina que se hubiesen preocupado por el destino de esta región del continente, que hiciesen un balance de tal historia y se planteasen el problema de qué hacer con dicha historia. ¿Cargarla o montar sobre ella? ¿Mantener viejas querellas originadas a lo largo de tal historia, o superarlas y enfrentar problemas actuales y comunes que rebasen el pasado? No se trata ya de festejar ni de condenar esta historia, sino de reflexionar sobre ella en relación a un futuro común a los pueblos de la región pero en relación solidaria y no de dependencia. Definir y afirmar la identidad que esa historia común ha originado y, a partir de ella, replantear el problema de la integración de la región apoyada en esa identidad común. Quinientos años de historia común han sido, hasta ahora, quinientos años de luchas para afirmar la propia y peculiar identidad nacional y regional frente a diversas formas de integración impuesta por intereses extraños a la misma. Preguntaremos nuevamente si somos o no capaces de integrarnos como pueblos libres en la realización de un futuro común.

Este simposium que debería ser el propio y peculiar punto de vista latinoamericano sobre el hecho que se viene conmemorando en la Península Ibérica y otras regiones del mundo. Los invitados enfrentarán esta temática desde su lugar de origen.

3. Fueron invitados a participar las siguientes personas:

Germán Arciniegas (Colombia)
Arturo Ardao (Uruguay)
Guillermo Bonfil (México)

Alfredo Bossi (Brasil)
Rodrigo Carazo (Costa Rica)
Susy Castro (Haití)
Horacio Cerutti (México)
Federico Ehlers (Ecuador)
Enrique Fierro (Uruguay)
Alberto Filippi (Venezuela)
Carlos Franco (Perú)
Elsa Cecilia Frost (México)
Jorge Mario García Laguardia (Guatemala)
Carlos Guzmán Bockler (Guatemala)
Enrique Hernández (Argentina)
Jorge Salvador Lara (Ecuador)
Lucho Lumbreras (Perú)
Carlos Martínez Assad (México)
Manuel Maldonado-Denis (Puerto Rico)
José Matos Mar (Perú)
José Guilherme Merquior (Brasil)
Otto Morales Benítez (Colombia)
Manuel Moreno Fraginals (Cuba)
Esteban Emilio Mosonyi (Venezuela)
Juan Oddone (Uruguay)
Juan A. Ortega y Medina (México)
Carlos Paladines (Ecuador)
Blanca París (Uruguay)
Gerard Pierre-Charles (Haití)
Darcy Ribeiro (Brasil)
María Elena Rodríguez Ozán (México)
Beatriz Ruiz Gaytán (México)
Luis Alberto Sánchez (Perú)
Juan Manuel de la Serna (México)
Alejandro Serrano Caldera (Nicaragua)
Samuel Silva-Gotay (Puerto Rico)
Ricaurte Soler (Panamá)
Ignacio Sosa (México)
Arturo Uslar Pietri (Venezuela)
Abelardo Villegas (México)
Gregorio Weinberg (Argentina)
Valquiria Wey (Brasil)

Con el apoyo y colaboración del Instituto Panamericano de Geografía e Historia se presentan los trabajos que fueron entregados oportunamente para formar parte de las publicaciones que esta Institución viene realizando de acuerdo con su programa de participación en la conmemoración de este hecho histórico.

PALABRAS DE MIGUEL GONZALEZ AVELAR

En México como en otros países de América Latina, el aniversario del arribo de Cristóbal Colón a las tierras americanas ha despertado una viva polémica. Es natural; todo ciclo histórico y, ciertamente, cada centenario lo es, pide una nueva reflexión a propósito de su sentido cabal. Muchas personas, incluso, desearían un dictamen categórico y final a propósito del evento que se conmemora. Aparentemente eso dejaría tranquilos a todos, mayormente si la sentencia viene en el sentido que cada uno desea. Por esto los aniversarios desencadenan, casi inexorablemente, un litigio ante el tribunal de la historia, con todas las consecuencias que una controversia acarrea.

Suscitar el juicio de la historia en favor de una determinada posición no es, en rigor, materia de la ciencia histórica. Mucho menos es tarea de los gobiernos abonar una conclusión absolutoria o de condena, para la inmensa galería de personajes conspicuos que los siglos han visto pasar. Lo que sí puede hacer un gobierno ilustrado es propiciar que ocurra el debate y que éste se dé en libertad; poner la mesa del banquete –en el sentido platónico– para que a su alrededor dialoguen hombres libres e intelectualmente responsables. Esta sí es tarea para quienes reflexionan acerca del curso de los pueblos y lo es también para los gobiernos de raíz popular. Muchos latinoamericanos han escrito a propósito del carácter militante de nuestra historia. Nos han dicho cómo ésta sigue viva en nosotros, recorriéndonos las venas como un río sin solución de continuidad, circularmente, enlazando las generaciones. Es precisamente la interpretación de nuestra historia, incluso, la que configura y mantiene, más que ninguna otra cosa, las grandes corrientes políticas vivas hoy en el continente.

Una cosa es clara; ni el proceso europeo de arribo, asombro, conquista, dominación y mezcla es un monolito, un cubo histórico, ni la evolución de nuestros países es idéntica. Mucho menos lo es su realidad actual. Allí donde la población indígena constituye un componente del carácter nacional; allí donde el rostro cotidiano del pueblo proclama su porción autóctona, la interpretación de los fenómenos del siglo XVI y luego del periodo colonial, hasta la Independencia, no puede ser la misma que en otras repúblicas en que tales condiciones no se dan.

Por otra parte, el descubrimiento, invención, encuentro, asedio, asalto o sujeción de América no fue un hecho que se agotó en sí mismo. En su curso se fraguó nada menos que la general nacionalidad americana que comparten todas nuestras repúblicas, como lo que es propio de cada una. De aquí la necesidad de explorar el fenómeno en profundidad. Tal es la proposición de este encuentro. Estimular un canje libre de pareceres para seguir ahondando en el conocimiento de nosotros mismos, bajo la sana sospecha de que se trata de un proceso interminable. Permítanme confirmar, finalmente, aunque reconozca lo innecesario de reiterarlo, que la Comisión Mexicana del Quinto Centenario no sostiene a propósito de este suceso una posición oficial. Ni postula, por así decirlo, que la raíz de Colón sea columba, es decir, paloma, como escribió su hijo Fernando, ni que Colón sea la raíz de la palabra colonial. Sostiene, sí, la conveniencia de recordar, estudiar y esclarecer los hechos, como parte de un sano e indispensable ejercicio intelectual.

Saludamos cordialmente y agradecemos la presencia ilustre de nuestros hermanos de la gran patria latinoamericana. Y evocamos antes de comenzar, en este anfiteatro que auspiciosamente lleva el nombre de Bolívar, el bello texto del colombiano Germán Arciniegas, que está aquí con nosotros:

"Metámonos a la taberna de la historia; que vengan aquí a la mesa redonda y a conversar con el estudiante de América, los estudiantes de todos los tiempos. Y que nadie se escandalice, porque nunca tuvimos sitio más decoroso para platicar..."

Gracias

BALANCE GENERAL

I

MARGINALES Y ENDEUDADOS

Gregorio Weinberg
Buenos Aires

> "La historia no se ocupa del pasado. Le pregunta al pasado cosas que le interesan al hombre de hoy".
>
> José Luis Romero

Nuestros países latinoamericanos fueron durante siglos, marginales a las grandes decisiones, y hoy con cierta vergonzante conmiseración catalogadora se nos distingue como "en vías de desarrollo"; o si procuramos estar más al día, por lo menos en materia de calificaciones y valoraciones, advertiremos que aparecemos simplemente como países deudores o endeudados. Aquella marginalidad a la que aludimos prolongóse por un lapso que excedió, con creces, el de su carácter colonial y dependiente, y del cual embarazoso aunque no imposible parecía zafarnos. Las dificultades suelen incrementarse cuando queremos enfrentar ese desafío que mal puede desvincularse de situaciones insuficientemente ponderadas, y aspiramos a transformarnos en protagonistas con derechos y voces propias. Todas estas denominaciones –nos referimos, claro está, a la de "marginales" o a la de "deudores"– siguen vigentes y adquieren un claro sentido político, económico y, por extensión, suelen aplicarse a las esferas culturales, educativas y artísticas. A esto alude precisamente el punto 2 de la Convocatoria cuando señala los problemas originados en esta historia. Admitamos su tendenciosa inexactitud, pero no por ello debemos dejar de reconocer que pesan sobre nuestro destino como una fatalidad. Aludimos, entre otros, al significado de las estructuras productivas coloniales, cuyo carácter extractivo y depredador no era apreciado oficialmente de manera adecuada por las metrópolis, aunque se aceptaba que desempeñaban un papel significativo en la formación de la riqueza del Viejo Mundo. No en balde la bandera del comercio libre, como disolvente de las formas monopólicas, constituyó un ardid que los contrabandistas ayudaron a difundir. Lo que se estaba atacando era un modelo impuesto exógenamente, cierto es, pero no para liberarnos de él sino para sustituirlo por otro no menos exógeno o impuesto; estábamos inermes entre los designios de potencias imperiales. Algo bastante parecido ocurre hoy con la sociedad de consumo que nos predican las llamadas "industrias culturales", con vehemencia digna de mejores causas, a través de los medios de comunicación social no autorizados para acuñar valores o paradigmas, como tampoco en su momento lo estaban (en apariencia) los corsarios o filibusteros. ¿O había, preguntémonos con disimulado candor, intereses debajo de aquella y de esta prédica?

Ahora, en cambio, hay claro concenso que estamos frente a una encrucijada decisiva del desarrollo en medio de una crisis turbadora que simultáneamente nos impele a cambiar de rumbo. Nada fácil es, convengamos, encontrar caminos en medio de la tormenta, cuando simultáneamente urge cambiar, por inadecuado, el instrumental de navegación; pero tampoco sería inteligente persistir por derroteros que conducen hacia callejones sin salida o espejismos. ¿Debemos forzar las máquinas para arribar a los puertos que otros nos han asignado o será preferible escoger nosotros los puntos de arribada? O formulado con palabras más claras: los objetivos de nuestro desenvolvimiento debemos establecerlos nosotros mismos, y para ello forjarnos un diferente arsenal de conceptos, vale decir, se torna indispensable reemplazar el hasta ahora utilizado. Alcanzar nuevos puertos con otros instrumentos reclama un desafío portentoso, una fuerte dosis de imaginación, todo lo cual exige repensar nuestra historia y forjar otras metas.

¿Qué sentido adquieren estas reflexiones cuando nos aprestamos a un sinceramiento reflexivo en vísperas de algunos acontecimientos altamente significativos para nuestra historia? Ante todo, y éste es el motivo de la Convocatoria que nos reúne, en octubre de 1992, se cumplirán quinientos años del encuentro de dos grandes bloques de culturas diferentes, de desarrollo autónomo y sin contacto hasta entonces entre ellos; pero también digamos que tampoco eran homogéneos y estaban desgarrados por contradicciones y luchas intestinas, por un desenvolvimiento diversificado. En julio de 1989 memoraremos el bicentenario de la Revolución Francesa, a partir de la cual comienza la ardua lucha por la consolidación –inacabada por cierto, mortificada muchas veces– de los derechos del hombre y del ciudadano y la idea de la soberanía popular sacada del plano de las teorizaciones y llevada a la práctica política. Y poco más tarde, pero ya al alcance de nuestras vidas, dentro de doce cortos años arribaremos al siglo XXI, que tantas interrogantes nos depara.

La grave crisis por la cual atravesamos estimula enérgicamente todos los esfuerzos reflexivos que hagamos por desentrañar en medio de este entrevero de acontecimientos recordados y más o menos remotos, pero vivos, en nuestra sociedad contemporánea, donde perduran cicatrices, sueños, delirios y quimeras, junto a una pizca de utopías y confusiones. Es una ocasión asaz singular para vernos con ojos críticos y para proyectarnos comprometidamente y buscar, entre todos, como se nos propone, el "Sentido y proyección de quinientos años de historia de América Latina".

La inteligente interrogante que nos plantea esta convocatoria, a la cual asistimos tan complacidos, es decir "¿Qué hacer con quinientos años de historia? ¿Cómo y hacia dónde deberán enfocarse los esfuerzos de los pueblos de la región para elaborar un futuro común sin las cargas del pasado?", requiere varios planos de análisis y diversos tiempos, cuestiones a las cuales numerosos pensadores y sentidores de América Latina trataron de responder implícita o explícitamente desde hace varios siglos, pero en otras circunstancias. Ahora bien, diferentes indicadores denotan la urgencia de rescatar tantas válidas intuiciones, pero sobre todo, acertar con respuestas racionales, coherentes, movilizadoras e imaginativas, que no escamoteen ni idealicen el pasado pero tampoco desatiendan, insistimos, los "esfuerzos de los pueblos de la región para elaborar un futuro común sin las cargas del pasado". Contra el facilismo de los lugares comunes, contra la perduración de las interpretaciones convencionales, se torna inaplazable encarar una laboriosa, ardua tarea crítica de desentrañamiento de las claves de nuestro destino.

Con la brevedad que las circunstancias exigen digamos que gran parte de la crisis contemporánea cabalga sobre una constelación de ideas que están haciendo agua desde hace tiempo. Me refiero, más en particular, a la supuesta universalidad de muchas de las categorías mentales empleadas, que no son otra cosa que una engañosa y prematura proyección de las ideas europeocéntricas, las que a su vez no expresan sino una de las tantas variedades de etnocentrismo que distingue el proceso histórico de la humanidad. Distintas razones han contribuido a intensificar un desarrollo desigual que, sobre todo desde hace medio milenio, ha favorecido a ciertos países europeos, y no ha sido la menor de sus causas la ocupación y la explotación de lo que más tarde llamaríamos los imperios coloniales. Sin entrar en mayores sutilezas, recordemos que las riquezas extraidas de América contribuyeron indudablemente a fortalecer aquel europeocentrismo, y al mismo tiempo dicho europeocentrismo se fue consolidando marginándonos y endeudándonos material y espiritualmente. Y como contrapartida, se ignoraron o subestimaron los aportes de la América prehispánica a la humanidad en materia de explotación de recursos naturales para que en los libros sólo quedase constancia del aporte europeo. Peregrina contabilidad es ésta que falsea las cuentas al abultar los débitos y disminuir los créditos.

Ahora bien, a partir de la segunda posguerra comienza a ponerse cada vez más seriamente en duda el valor universal de aquellas ideas o categorías que, insisto, no eran otra cosa que europeocéntricas. Los pueblos de la periferia comenzaron a descreer de su validez, observaron ciertos falseamientos, y contribuyeron primero a relativizarlas para más tarde discutirlas o negarlas. No estamos objetando, adviértase bien, dichas ideas por el hecho de ser europeas, como nadie pretende impugnar otras ideas por ser americanas, asiáticas o africanas; lo que queremos dar a entender es que se discuten porque pretenden ilegítimamente ser universales, es decir que fueron elaboradas primero desatendiendo las características, las modalidades, las especificidades de las restantes regiones del globo, y luego se trató de imponerlas, marginándonos como protagonistas y creadores.

Esta profunda crisis en la cual estamos inmersos es no cabe duda alguna, –ni se interprete que recurrimos a una calificación retórica o efectista– la más profunda que registra la historia de la humanidad, tanto por su extensión como por su espesor, como diría Braudel, pues abarca a todos los pueblos y a todos los estratos sociales. Ahora bien, esta particular circunstancia implica a su vez un desafío para recomponer, efectivamente, una nueva y más justificada universalidad, que contemple los rasgos específicos de todos los pueblos, universalidad que no desvirtúe su identidad y al mismo tiempo asegure su participación como protagonistas. Un mundo que por lo menos pretenda irse integrando no puede admitir marginales ni postergados; y la historia de la civilización debe reconocer a todos los pueblos sus aportes y su derecho a forjar su propio destino.

Un ejemplo tomado de la historia de la ciencia quizá contribuya a aclarar este punto. Las geometrías euclidianas por su formidable lógica interna, su prodigiosa articulación llegaron a parecer "naturales", es decir universales; obviamente no consentían otras. Pensar en geometrías distintas constituía, en rigor, un contrasentido. Pues bien, el siglo pasado comenzó una tarea de reflexión profunda, sistemática, que llegó a una conclusión revolucionaria: eran posibles otras geometrías donde no necesariamente, por ejemplo, todos los triángulos tendrían 180 grados o las paralelas mostraran determinadas propiedades. Estas nuevas geometrías eran, por lo demás, más coherentes y más lógicas que las clásicas. Las nuevas geometrías eran en cierto modo compatibles con la euclidiana, admitida ésta como un caso particular de las primeras que, para abreviar, llamaremos pangeometrías. Esto en modo alguno significa negar que para ciertas magnitudes se pudiese seguir utilizando la euclidiana.

Y otro tanto sucede con las ideas de desarrollo o con la realidad de la deuda. Hasta hace pocas décadas parecía que la economía política elaborada por los países centrales resultaba suficientemente explicativa y por ello válida para todo el mundo, sin advertir sus limitaciones; pero hoy comprobamos que esto no es así, que su objetividad encubría una interesada parcialidad, que los caminos son muchos y los ritmos diversos. Por su parte la deuda pública internacional adquiere una magnitud tal que se ha transformado en algo cualitativamente distinto de la del siglo *XIX*; hoy es un verdadero obstáculo, por momentos insalvable, para el desarrollo de los países deudores, y sin el desarrollo de éstos mal podría abandonarse dicha deuda. Círculo vicioso que reclama un replanteo de todos los supuestos de la economía clásica, y más en especial de las conclusiones que de éstos se sacan. Y el ejemplo podría multiplicarse; baste añadir siquiera como ilustración otras preguntas: ¿en qué manual de economía política puede leerse una explicación que permita entender el fenómeno singular del Japón, cuyo actual primer ministro, al asumir su cargo prometió solemnemente hacer todo lo que estuviese a su alcance para reducir el superávit de su balanza de pagos? O en otro caso más conocido, que un país haya convertido su moneda nacional en internacional, y adopte sus decisiones sólo en función de sus propios intereses. Los casos mencionados no son excepciones sino que revelan serias inconsistencias teóricas.

Y si se nos permite incursionar en el campo de la economía política, donde como intrusos nos hemos introducido, y donde por no ser especialistas gozamos de impunidad para enunciar ideas heterodoxas, recordemos algo olvidado por casi todos. Por su formación, hecha fundamentalmente a base de tratados clásicos, manuales o textos de origen inglés, francés o alemán, nuestros economistas casi nunca recuerdan que las fuentes de la economía política deben observarse en los pensadores españoles de la segunda mitad del siglo *XVII* y primera mitad del *XVIII*, quienes se preguntaban, con claridad meridiana, qué sucedía en España, país que presentaba el fenómeno singular que cuanto mayores cantidades de oro y plata afluían de sus colonias tanto mayores eran la inflación y la desocupación generadas, y tanto más perjudicadas veíanse sus manufacturas, etc. De aquí las inferencias remitían a interrogarse: ¿qué es riqueza? Estas averiguaciones sentarían las bases de la economía política. Y sin artificio alguno digamos, pues, que sobre nuestro empobrecimiento se han levantado los cimientos de la ciencia de la riqueza. Pero tampoco omitamos mencionar aquí que los metales preciosos del Nuevo Mundo favorecieron el desarrollo capitalista temprano que nos fue negado y sólo mucho más tarde nos llegaría. Ahora bien, creemos modestamente, que estamos otra vez en una encrucijada semejante: en los prolegómenos de una nueva economía a cuyos lineamientos deben contribuir todos los pueblos para explicar las causas profundas de esta perversa situación que amenaza con riesgosos sacudimientos de la sociedad contemporánea. Además, tampoco nadie lo desconoce, estamos en vísperas de una nueva división internacional del trabajo, a cuyas opciones no podremos ingresar por decisión propia sin antes solucionar el pesado lastre de la deuda pública. En suma, ni la nueva economía política como teoría ni el nuevo orden económico internacional podrán establecerlo por su cuenta un grupo de países privilegiados desatendiendo los intereses del resto del mundo.

Pasemos ahora a otro punto. Desde hace varios años estamos trabajando en un intento de periodización de la historia de la cultura latinoamericana, cuyos primeros esbozos expusimos precisamente aquí, en México, y propone tres grandes momentos: uno, *cultura impuesta;* dos, *cultura admitida o aceptada;* y tres, *cultura criticada o discutida.* El primero, el de la cultura impuesta, correspondería al periodo colonial, cualquiera que haya sido la fecha de su finalización; se caracteriza por el hecho de que sus pautas y valores se formulan desde afuera, desde las metrópolis, para cuyos intereses parecían funcionales, pero que en cambio –lo demostraría el tiempo– no lo eran para los pueblos sometidos. La denominación misma de cultura impuesta indica que durante este lapso nuestros pueblos no eran protagonistas sino objetos de los procesos, marginales a las determinaciones, receptores poco menos que pasivos de sus pautas y procedimientos.

El arribo de los europeos al Nuevo Mundo significó, por un lado, más que una interrupción, una traba al desenvolvimiento autóctono, una verdadera fractura de los desarrollos que, con distinto signo, tenían lugar en América. Se implantan instituciones, se imponen paradigmas, valores, religión y lengua. Mas simultáneamente el apartamiento de la modernidad por parte de la Metrópoli agravó las condiciones al favorecer una creciente rigidez –hechas las excepciones del caso– que impusieron el fuerte predominio de los principios de autoridad y de tradición. Fue cristalizando de este modo una cosmovisión cada vez menos sensible a admitir elementos nuevos como los que emergían de la realidad ambiente. La misma Naturaleza, salvo para una puñado de hombres de excepción, veíase a través del prisma deformante de Plinio o de Dioscórides. Reconocer la dignidad de lo *diferente* o del *otro* requiere elementos conceptuales que sólo aparecerán más tarde, ya bajo el estímulo de las ideas de la Ilustración. Pero hablar del *otro* es un problema que excede aquí cualquier planteamiento psicologista, pues el *otro* es nada menos que el indígena –mayoría abrumadora de la población– cuya problemática veíase distorsionada no sólo por los intereses creados (los encomenderos, por ejemplo) sino también por algo tan enturbiador como fue el etnocentrismo de los europeos.

De aspectos de esta cuestión se ocupa precisamente Tzvetan Todorov en un libro reciente: *La conquista de América. La cuestión del otro*, donde concluye que "es necesario analizar las armas de la conquista si queremos poder detenerla algún día. Porque las conquistas no pertenecen sólo al pasado".

Estas cuestiones suscitadas nos autorizan, por lo menos así lo conjeturamos, a hacer dos aproximaciones que nos conducirán a algunos puntos esenciales de la problemática abordada.

El escaso tiempo que nos ha sido concedido nos impide comentar dos aspectos de sobresaliente interés. Por un lado hubiera deseado analizar –sobre el tema de la defensa y afirmación de la identidad– un hermoso pasaje de Fray Bernardino de Sahagún, y sobre el de la sociedad de consumo, unas páginas deslumbrantes de Diderot. De todos modos intentaré que los mismos vayan como apéndice –no comentado– de esta ponencia.

El segundo momento, que llamamos de la *cultura admitida o aceptada*, comenzaría con los prolegómenos de la emancipación –esto es, con la negación de la Colonia– y cuando se intensifica la búsqueda de nuevos puntos de referencia el lapso se prolongaría hasta 1930. Ahora bien, contrariamente a lo que podría afirmarse, simplificando la cuestión en exceso, este segundo momento no se caracteriza por una dependencia ideológica total, porque como se deja dicho en el párrafo anterior, por lo menos hay cierto margen de libertad para reflexionar sobre las vías que podrían facilitar el acceso a esos modelos acatados. Lo que sí puede decirse es que los objetivos últimos pretenden ser iguales (hay un cierto concepto de "civilización" al que se atribuye una aparente y poco menos que mágica universalidad), pero resta siempre entre ambas instancias un destiempo o asincronía permanente. También el rasgo es, en este mismo sentido, una nota diferenciadora, porque nadie se preguntaría entonces en la Inglaterra o la Francia de mediados del siglo *XIX*, qué debe hacerse para alcanzar esa situación. Ingleses y franceses criticarían desde adentro, desde su propia realidad, desde sus Estados constituidos y consolidados; los latinoamericanos en cambio debían criticar muchas veces desde una óptica ajena, lo cual tiene su cuota, es cierto de alineación. Pero como contrapartida convengamos en que el proceso de toma de conciencia es harto diferente y deja, de todos modos, un ancho margen a la reflexión original e inteligente, cosa que por cierto se dio entre nosotros. Por eso frente a la disgregación con que nos amenazaban las guerras civiles, se oyen voces como la de Bolívar, quien advierte: "Seguramente la unión es la que nos falta para completar la obra de nuestra emancipación".

Es durante ese lapso que la generación romántica –Bello, Echeverría, y tantos otros– se plantea el problema de la *emancipación mental* en los términos y con el espíritu de todos conocido. Ello nos induce a preguntarnos si idéntico problema no debería volver a plantearse, si bien con perfiles más modernos, tomando en cuenta las diferentes, y por momentos sutiles, formas que adopta la dependencia. En cierto modo es lo que Leopoldo Zea, en un trabajo que lleva por título "El sentido de nuestra historia: de la dependencia a la solidaridad", llama "la desajenación cultural", y donde postula "una relación que no debe ser ya la de subordinación sino la de solidaridad". Esto, a su vez, implica, siempre según Zea, "cambiar la relación vertical de dependencia por una horizontal de solidaridad".

Y así, casi inadvertidamente, nos hemos introducido en la tercera y última etapa que sería, siempre según nuestra periodización, la de *cultura criticada o discutida* que se caracteriza por las dudas enunciadas acerca de la eficacia cuando no por el rechazo de los elementos del momento anterior, que la dura realidad de la crisis se encarga desde hace medio siglo de confirmar agravando los diagnósticos. De todos modos estimo que seguimos inmersos en este periodo, pues aparentemente todavía no acertamos a elaborar estilos u opciones distintas. Esta situación tórnase cada vez más embarazosa cuando advertimos la gravedad y la magnitud de los problemas, algunos de los cuales hemos mencionado, y que acarrean como uno de sus corolarios la precariedad creciente de las instituciones y de los partidos políticos, desbordados por las demandas internas y las exigencias externas. Esto hace ya inaplazable generar una capacidad inédita de acertar con respuestas que impidan que este escepticismo o incredulidad menoscaben o malogren las formas de democracia alcanzadas, por frágiles o incipientes que sean. Por ello tórnase absolutamente indispensable una toma de conciencia histórica que asuma (en el sentido castizo del vocablo) la marginalidad, la dependencia, el endeudamiento, y conciba para superarlos nuevas formas de participación, que afronte responsabilidades, pero también demuestre eficiencia en las soluciones. La difícil experiencia de cinco siglos nos está indicando que realmente sólo alcanzaremos nuestra mayoría de edad, nuestra auténtica independencia y personalidad, cuando dejemos de ser marginales (porque debemos ser "centrales" en el proceso de conformación de una inédita "universalidad"), y dejaremos de ser sólo deudores cuando se reconozca que aportamos a esa universalidad riquezas espirituales y materiales, productos y obras.

Y aquí nos parece sugeridor citar a ese singular personaje que fue Simón Rodríguez, quien afirmó: "O inventamos o erramos", y no estaba descaminado por cierto el viejo y olvidado patriota. Su divisa debería ser la nuestra.

APENDICE

Un testimonio de enorme valor histórico y antropológico, conmovedor por momentos, es el que ofrece el texto que, bajo el título de *Coloquios y doctrina cristiana*, tradujo y anotó sabiamente Miguel León-Portilla, y recoge los *Diálogos de 1524, dispuestos por fray Bernardino de Sahagún y sus colaboradores... y otros cuatro ancianos muy entendidos en todas sus antigüedades*. Su lectura pone de relieve el enfrentamiento de dos cosmovisiones con la notable singularidad de recoger el alegato hecho por los mismos indígenas a través de sus propios sabios. Seguimos la versión castellana citada según la paleografía del texto en náhuatl:

> "Vosotros dijísteis
> que nosotros no conocíamos
> al Dueño del cerca y del junto,
> a aquél de quien son el cielo, la tierra.
> Habéis dicho
> que no son verdaderos dioses los nuestros.
> Nueva palabra es ésta,
> la que habláis
> y por ella estamos perturbados,
> por ella estamos espantados.
> Porque nuestros progenitores,
> los que vinieron a ser, a vivir en la tierra,
> no hablaban así.
> En verdad ellos nos dieron
> su norma de vida, tenían por verdaderos,
> servían,
> reverenciaban a los dioses.
> Ellos nos enseñaron,
> todas sus formas de culto,
> sus modos de reverenciar [a los dioses].
> ....
>
> Y decían [nuestros ancestros]:
> que ellos [los dioses] nos dan
> nuestro sustento, nuestro alimento,
> todo cuanto se bebe, se come,
> lo que es nuestra carne, el maíz, el frijol,

los bledos, la chía.
Ellos son a quienes pedimos
el agua, la lluvia,
por las que se producen las cosas en la tierra.

Ellos mismos son ricos,
son felices,
poseen las cosas, son dueños de ellas,
de tal suerte que siempre, por siempre,
hay generación, hay verdear
en su casa.
¿Dónde, cómo? En Tlalocan,
nunca hay allí hambre,
no hay enfermedad
ni pobreza.
También ellos dan a la gente
el valor, el mando,
el hacer cautivos en la guerra, el adorno de los labios,
aquello que se ata, los bragueros, las capas,
las flores, el tabaco,
los jades, las plumas finas,
los metales preciosos.
....
Y ahora, nosotros,
¿destruiremos
la antigua regla de vida?
¿la regla de vida de los chichimecas?
¿la regla de vida de los toltecas?
¿la regla de vida de los colhuacas?
¿la regla de vida de los tecpanecas?
Porque en nuestro corazón [entendemos]
a quién se debe la vida,
a quién se debe el nacer,
a quién se debe el crecer,
a quién se debe el desarrollarse.
Por esto [los dioses] son invocados,
son suplicados.

Señores nuestros,
no hagáis algo
a vuestra cola, vuestra ala (es decir, a vuestro pueblo)
que le acarree desgracia,
que le haga perecer.
Así también de los ancianos, de las ancianas, era su educación,
su formación.
Que los dioses no se enojen con nosotros,
no sea que en su furia,
en su enojo incurramos.
Y no sea que, por esto, ante nosotros,

se levante la cola, el ala [es decir, reiteramos, el pueblo]
no sea que, por ello, nos alborotemos,
no sea que desatinemos,
si así les dijéramos:

—Ya no hay que invocar [a los dioses],
ya no hay que hacerles súplicas.

Tranquila, pacíficamente,
considerad, señores nuestros,
lo que es necesario.
No podemos estar tranquilos,
y ciertamente no lo seguimos,
eso no lo tenemos por verdad,
aun cuando os ofendamos.
Aquí están
los que tienen a su cargo la ciudad,
los señores, los que gobiernan,
los que llevan, tienen a cuestas,
al mundo.
Es ya bastante que hayamos dejado,
que hayamos perdido, que se nos haya quitado,
que se nos haya impedido,
la estera, el sitial [el mando].
Si en el mismo lugar permanecemos,
provocaremos que [a los señores] los pongan en prisión.
Haced con nosotros,
lo que queráis.
Esto es todo lo que respondemos,
lo que contestamos
a vuestro reverenciado aliento,
a vuestra reverenciada palabra,
oh señores nuestros".

Pasemos ahora a un terreno muy distinto.

En uno de los textos políticos más deslumbrantes que produjo el siglo XVIII, el *Suplemento al viaje de Bougainville*, de Diderot, y aunque el mismo no se refiere directamente a nuestros pobladores autóctonos de América sino a los de Tahití, encontramos reflexiones del más alto interés dignas de evocarse por su profundidad y actualidad. Además, el drama es idéntico: los protagonistas son aborígenes amenazados por los intrusos europeos.

Si bien perceptible era la intención del genial Diderot de criticar las instituciones de su propio país y otros en situación semejante utilizando como recurso dialéctico la idealización de los "pueblos naturales", surge con toda evidencia el enfrentamiento entre invasores e invadidos; la dignidad con que éstos defienden su pueblo, su identidad, y también cómo se protegen de algo tan actual y a lo que ya hemos aludido; nos referimos al *consumo impuesto* por el dominador. Lo admirable es que, si bien este recurso tiene ya siglos, pues sus efectos fueron advertidos y denunciados, es durante las últimas décadas que comprobamos sus estragos, cuando como hoy genera lo que dio en llamarse el consumo suntuario, conspicuo, prescindible, de donde la "revolución de las expectativas" de la que hablan los sociólogos y que nuestros países no pueden soportar.

"...Somos inocentes, somos felices; y tú no puedes malograr nuestra felicidad. Seguimos el puro instinto de la naturaleza y tú has intentado borrar de nuestras almas su carácter. Aquí todo es de todos y tú nos has predicado no sé qué distinción de lo *tuyo* y lo *mío*... Somos libres, y he aquí que tú has introducido en nuestra tierra el concepto de nuestra futura esclavitud. No eres ni un dios ni un diablo. ¿Quién eres, pues, para hacer esclavos? ¡Orou! Tú que entiendes el lenguaje de estos hombres como me lo has dicho a mí, lo que han escrito sobre esta hoja de metal: *Este país es nuestro*. ¡Este país es tuyo! ¿Y por qué? ¿Porqué has puesto en él tu pie? Si un tahitiano desembarcara un día en vuestras costas y grabara sobre una de vuestras piedras o sobre la corteza de uno de vuestros árboles: *Este país pertenece a los habitantes de Tahití*, ¿qué pensarías de ello? ¡Eres más fuerte! ¿Y qué importa eso? Cuando te han sacado una de estas despreciables bagatelas de las que está lleno tu navío te has indignado, te has vengado: ¡Y en aquel mismo instante has proyectado en el fondo de tu corazón el robo de todo un país? No eres esclavo; ¡sufrirás la muerte antes de serlo y tú quieres esclavizarnos! ¿Crees que el tahitiano no sabe defender su libertad y morir? Aquél de quien le quieres apoderar, como de una bestia, el tahitiano, es tu hermano. Sois dos hijos de la naturaleza; ¿qué derecho tienes sobre él que él no tenga sobre tí? Has venido, ¿acaso nos hemos abalanzado sobre tu persona? ¿Acaso hemos saqueado tu navío? ¿Te hemos capturado y te hemos expuesto a las flechas de nuestros enemigos? ¿Te hemos asociado en nuestros campos al trabajo de nuestros animales? Hemos respetado nuestra imagen en tí. Déjanos nuestras costumbres; son más sabias y más honradas que las tuyas; no queremos de forma alguna cambiar lo que tú llamas nuestra ignorancia por tus inútiles luces. Todo lo que nos es necesario y bueno lo poseemos. ¿Somos dignos de desprecio porque no hemos sabido crearnos necesidades superfluas? Cuando tenemos hambre tenemos de qué comer; cuando tenemos frío tenemos con qué vestirnos. Tú has entrado en nuestras cabañas, ¿Qué es lo que falta en ellas según tú? Persigue hasta que quieras lo que tú llamas comodidades de la vida pero deja que otros más sensatos se detengan cuando ya no vayan a obtener de la continuación de sus penosos esfuerzos más que bienes imaginarios. Si nos persuades de que frenqueemos el estrecho límite de la necesidad ¿Cuándo dejaremos de trabajar? ¿Cuándo disfrutaremos? Hemos reducido la cantidad de fatigas anuales y diarias al mínimo posible porque nada nos parece mejor que el descanso. Vete a tu país a agitarte, a atormentarte tanto como quieras; déjanos descansar; no nos llenes la cabeza ni con tus necesidades ficticias ni con tus virtudes quiméricas. Mira a estos hombres, mira cuán erguidos son, sanos y robustos. Mira a estas mujeres, ve cuán erguidas son, sanas, frescas y hermosas".

Y este tema del consumo, reiteramos, debe ser dramáticamente replanteado cuando se advierte una mengua absoluta y relativa en los niveles de vida de grandes sectores de nuestra América entrañable, para no mencionar las hambrunas que aparecen en los periódicos de estos días con referencia a determinadas regiones de Africa. Nuestros problemas son muy otros de aquellos de los que nos hablan los vaticinadores de la posmodernidad cuando potifican, impostando la voz, "de las frustraciones provocadas por la saturación de la abundancia".

QUINIENTOS AÑOS DE AMÉRICA DESCUBRIMIENTOS, ENCUENTROS, DESENCUENTROS

Domingo Miliani
Venezuela

A Leopoldo Zea y Miguel León-Portilla,
maestros y amigos de siempre

Descubrimientos

Quinientos años después ya no somos tan nuevos ni tan jóvenes, aunque ciertas deudas ahora impagables nos hagan proyectar hacia el mundo con cierta irresponsabilidad adolescente.

¿Qué más quieren de nosotros cuando nos identifica un acta de nacimiento inscrita en los anales de lo fantástico?

Ilusos navegantes, el primero don Cristóbal nombrado, nos leyeron en la Atlántida platónica[1] y hasta sintieron o presintieron un nuevo mundo naciente en las proféticas lecturas de Séneca:

Venient annis saecula seris
quibus oceanus; vincula rerum,
laxet et ingens pateat tellus

---

[1] Carlos Castro Alonso, en su libro *La América de los historiadores primitivos de Indias*, refiere y comenta: "Platón, en su Timeo, habla de la Atlántida. Critias hace a Sócrates la más completa descripción de este gran continente, llamado así por ser gobernado, durante siglos, por los descendientes de Atlas, hijo de Poseidón y Cleito, donde vívia feliz una humanidad altamente civilizada. En los tiempos modernos se ha pretendido demostrar que los atlantes, en sus conquistas, llegaron a Egipto, dominando México, hasta la Península de Yucatán inclusive. Dos enormes cataclismos hundieron en el mar a este continente, dando origen a la tradición del diluvio universal, existente en varias religiones. Según esa teoría, los archipiélagos de las Azores, Madeira, Canarias y Antillas son restos de la Atlántida". (Cito por la edición de Valladolid, s.e., 1958, p. 68).

tethysque novos detegat Orbes
nec sit terris ultima Thule.[2]

Culto y alucinado abuelo del Quijote, don Cristóbal fundió y confundió aquellas remotas premoniciones clásicas con otros tantos equívocos medioevales de navegantes y cartógrafos. Así, escritor fantástico, concibió un mundo en el cual era posible que coexistieran la isla de San Brandan, tomada de las leyendas portuguesas de navegantes marinos, con la isla de Pracir o Prasil, dibujada en el Atlas Medicis (1351) y en el Pizigani (1367), junto a la Antilia de Andrea Bianco (1436) y todo ello tan cerca de Europa, apenas a 6,500 millas de las costas ibéricas, frente a Lisboa, naturalmente por la ruta occidental que conducía a Catay, no sin tropezar antes con Cipango. Con este hermoso amasijo de equívocos y conjeturas, se nos inventa y dibuja, más que descubrirnos realmente. Y en todo ello no se diga que no hay fusión o mestizaje, si no de sangres y culturas, por lo menos de espejismos y delirios. Agréguese que don Cristóbal fue asiduo lector del *best-seller* siglo XIV escrito por Jean de Mandeville, su famoso *Libro de las maravillas*. Cómo puede sorprendernos entonces que el audaz navegante muriese sin saber a dónde había llegado, pero sí cuánto le correspondía en el reparto, del cual tampoco salió muy bien librado por cuanto le quedamos debiendo desde entonces.

Quienes vinieron después, lectores de aventuras caballerescas, según Leonard, tiñeron la conquista americana "con relatos aparentemente auténticos de lugares fantásticos, de riquezas, monstruos y encantamientos y desde entonces ardieron en deseos de descubrir las realidades que describían y de posesionarse de ellas".[3] Sobre esas andanzas, ha escrito Ida Rodríguez Prampolini su hermoso libro *Amadises de América* que es decisivo en ese campo.[4]

---

[2] Castro Alonso, (*op. cit.*, p. 68), traduce así los versos de Séneca:
"Años vendrán, con el transcurso de los siglos
en que el Océano, abriendo sus barreras,
dejará ver un país de extensión inmensa,
 un mundo nuevo que aparecerá dentro de los dominios de Thetis,
y Thule no será límite del Universo".
Las referencias posteriores a los Atlas y a la obra de Mandeville, están tomadas de la misma obra.

[3] Irving A. Leonard, *Los libros del conquistador*, México, Fondo de Cultura Económica, (Lengua y Estudios Literarios), (10 ed. esp.), 1953, p. 25.

[4] De esta obra hay edición mexicana de 1948. El Centro de Estudios Latinoamericanos "Rómulo Gallegos" lo reimprimió en 1977, dentro de su colección "Repertorio Americano". Por cierto, la misma escritora veracruzana tiene otra obra pertinente al tema que abordamos: *La Atlántida de Platón en los cronistas del siglo XVI (1947)*.

El discurso de los descubridores y exploradores magnifica, pues, nuestra acta de nacimiento como una de las más amplias antologías de literatura fantástica, aún por compilar. En medio de monstruos descomunales que transitaban por una geografía ambigua cuyas coordenadas nos situaban entre el Paraíso Terrenal y tal vez el Hades o el Mictlan, qué pequeña, débil y deslucida se presentaba aquella criatura morena de quien se dudó hasta el extremo de discutir teológicamente si tendría alma acreedora a ser cristianizada, o era bestia exterminable. La discusión no importó mucho. De todas maneras lo cazaron igual.

Nuestro indio americano marca la deflación de lo fantástico y el comienzo de la polémica europea sobre un buen o mal salvaje, que irá invadiendo gradualmente todo el espacio histórico mediante comparaciones negadoras o deprimentes de la geografía, la flora, la fauna. Lo fantástico se torna cotidianamente pobre e irrelevante, en un largo historial que ordenó e ironizó admirablemente Antonello Gerbi en su libro *La disputa del Nuevo Mundo*.[5] La crónica se oficializa al servicio de la Corona –como decir de la cultura de conquista–, gana en pretendida veracidad o verosimilitud lo que pierde en imaginación o divertida fantasía. Así, lo magnificente o fabuloso con que fuimos admirados como criaturas recién descubiertas, decayó hasta el raquitismo. La historia posterior descubrió que no éramos tan maravillosos o fantásticos sino, por el contrario, devinimos en degenerados metizos, flojos por la mezcla de sangres, por el clima que determinaba nuestra desidia, luego sub-desarrollados, después en vías de desarrollo o despegue, menos favorecidos y, por último, deudores impenitentes o simplemente súbditos del Fondo Monetario Internacional. Sólo pudo escapar de la generalización en algún momento, el rubio hermano septentrional, desde cuyas asombrosas atalayas, algún nuevo descubridor, el francés Michel Chevalier, enviado por su Gobierno a estudiar las comunicaciones de los Estados Unidos, luego de pasar pocos meses en México y Cuba, anunció proféticamente nuestro sombrío porvenir, en estos términos que traduce, cita y estudia el Dr. Arturo Ardao:

> Parece, pues, que los Anglo-Americanos serán llamados a continuar directamente, sin ninguna intervención exterior, la serie de los progresos que la civilización a la cual pertenecemos ha cumplido siempre desde que dejó el viejo Oriente, su cuna. Es un pueblo que tendrá descendencia, aunque, tal vez, tal tipo que allí domina hoy deba ser

---

[5] México, Fondo de Cultura Económica. (Traducción e introducción de Antonio Alatorre, 2a ed. corregida y aumentada, 1982.

eclipsado pronto por otro; en tanto que los Hispano-Americanos parecen no ser más que una raza impotente que no dejará posteridad, a menos que, por uno de esos desbordes que se llaman conquistas, una ola de sangre más rica, venida del Septentrión o del Levante, no llene sus venas empobrecidas.[6]

Así que de conquista en conquista, de siglo a siglo, de corriente en corriente ideológica gestada en Europa, seguimos siendo descubiertos o confundidos, pero no estimulados con una redundante manera de distorsionarnos con hipérboles fantásticas o minimizaciones que, de tan repetidas, pudieron generar nuestra minusvalía social, si no tuviéramos una definición étnica vigorosa por lo mezclada, para soportar las elucubraciones de una escurridiza homogeneidad.

Encuentros

Hace algunos años, aquí en México, hubo intercambios dirigidos a la conmemoración de los cinco siglos de América. En esa oportunidad, el Dr. Miguel León-Portilla sugirió hablar de "Encuentro" de culturas, dos o muchas más, en lugar de Descubrimiento. Un gran ausente hoy, Emir Rodríguez Monegal, propuso la expresión "Diálogo de culturas", en un trabajo leído como ponencia. El mismo sirvió de Prólogo a la estupenda antología titulada *Noticias secretas y públicas de América*.[7]

Rodríguez Monegal iniciaba su texto con una reflexión que estimo básica. Coincidimos en aquella reunión. Me apropio ahora de ese párrafo, en homenaje a su autor, para apoyar parcialmente un planteamiento. Decía el crítico uruguayo:

> Las Leyes de Indias crearon (en el papel) la ilusión de que la América Española era una: el Derecho, la Religión, la Monarquía, eran una. Uno, también el idioma castellano. (En la América portuguesa, existía la misma ficción legal; sólo variaba la lengua metropolitana). Esa ilusión persistió y aún persiste, en la imaginación de historiadores de la Hispanidad. Nunca fue real. Porque América Española, o Hispánica, o Ibérica (si se quiere incluir al Brasil), o Latina (para seguir la moda imperial impuesta por los asesores de Napoleón III), nunca fue, ni es, una unidad. Lo que caracteriza a esta América es la pluralidad de lenguas y culturas, el diálogo –no siempre audible– entre grupos rivales y hasta enemigos, diálogo que constituye, para bien y para mal, lo que se ha intentado definir como cultura latinoamericana. Sin embargo, en el

---

[6] Cf. *Génesis de la idea y el nombre de América Latina*, Caracas, Centro de Estudios Latinoamericanos "Rómulo Gallegos", (Col. Enrique Bernardo Núñez), 1980.
[7] Edición del compilador, Barcelona, Tusquets, Círculo de Lectores, 1984.

periodo colonial la ilusión de una unidad era aún más fuerte que hoy cuando se habla (con que facilidad), del Tercer Mundo.[8]

Las observaciones de Rodríguez Monegal resumen la tendencia a ver el problema cultural latinoamericano con óptica comprensiva o globalizadora que, en última instancia, aporta una tremenda simplificación. Se habla así de *la cultura indígena, la cultura hispánica, la cultura africana*; ésta cuando no resulta omitida. En ese caso tendríamos *un encuentro* de sólo tres culturas y podría malentenderse la propuesta del Dr. León-Portilla. Enfocado el problema en visión de acercamiento, habría que precisar si históricamente *la cultura indígena* define en lo continental y, aun en un sólo país, la heterogeneidad que perfiló el mosaico etno-cultural pre-hispánico y sigue conservando su carácter en nuestros días.

Continentalmente habría que preguntar a cuál cultura indígena se alude cuando se llega a la generalización simplificadora. En el Altiplano Andino la indígena sería ¿la tihuanaca, aymara, mochica, quechua? En Mesoamérica ¿sería el conjunto nahuanse formado entre otros por olmecas, toltecas, chichimecas, aztecas? ¿Los otomíes seguirán siendo un enigma, como apuntaba el Dr. Angel María Garibay? ¿O se remitirá el proceso a las culturas mayenses: maya, quiché, cakchiquel, etcétera?

En un sólo país, –hablo del mío más por razones de dolor que de conocimiento–, han ocurrido pintorescas conceptualizaciones. Cierto amigo historiador, formado en España y Alemania, decretó la inexistencia histórica de la cultura indígena. Otros hablan del indio como un todo. Pasan por alto que sólo en una sub-región, la zuliana, coexisten y apenas sobreviven culturas tan opuestas como la yupa, la apreria, la numerosa nación juayú o guajira. Ninguna de ellas se identifica como venezolana. Los juayú son venezolanos o colombianos según el grado de persecución desatada por los ejércitos de una u otra república; o durante las campañas electorales. Los políticos en oferta les tramitan identificación según el caso. Algo similar ocurre en otra sub-región, la amazónica o sur-oriental, donde se reparten un espacio cada día más restringido y están cada vez más acorraladas comunidades tan disímiles como las cariñas, pemonas, maquiritares, warao, algunas encabalgadas en las fronteras de Venezuela, Colombia y Brasil.

La cultura hispánica también soporta algunos interrogantes. ¿Era la España conquistadora un bloque etno-cultural homogéneo? En su tradición histórica ¿no pesaron para nada los sucesivos "encuentros" de ibero-celtas, fenicios, romanos, árabes, germanos?

---

[8] *Op. cit.*, p. 8.

Y para 1492, cuando se decreta la unidad político-religiosa, ¿no se produce el hecho, contemporáneo con los viajes colombinos, de discriminaciones y expulsiones de los judíos hispanos? ¿Se puede hablar hoy de homogeneidad plena de la cultura española? Las pugnas y reclamos de autonomía socio-política de los vascos, los catalanes e incluso los canarios, ¿serán indicios de esa homogeneidad?

George M. Foster, en su libro *Cultura y Conquista*, ha estudiado el proceso desde la perspectiva de una herencia española en América. Habla de "diversidad" cultural, en lugar de heterogeneidad.[9] Apunta que los encuentros estratificados de las distintas culturas, conformadores de una posible homogeneidad, quedan selectivamente filtrados dentro de la "cultura de conquista", al ser trasvasados a América.[10] Hay más: en la cultura española transmigrada, aún cabe precisar si se remite a la castellana, o la catalana, o la andaluza, o la gallega, o la vasca. Foster incluye un cuadro de emigrantes españoles que pasaron a América entre 1509 y 1534. De los 7,641 registrados, las regiones con mayor representación fueron: Andalucía (2,245), Castilla la Vieja (1,476), Extremadura (1,389).[11]

Rosenblat y otros lingüistas han estudiado abundantemente la marca dominante del andalucismo en la conformación de los sociolectos hispano-americanos. Y también Foster, en lo antropológico, señala cierto predominio de objetos culturales andaluces en América. Pero a lo largo de toda la gesta conquistadora, sangrienta y traumática, el flujo de heterogeneidades de procedencia hispánica y, en general, europea, se yuxtapone a las heterogeneidades culturales del mundo indígena. Al equívoco del Descubrimiento se suma, pues, un encuentro de dos conjuntos heterogéneos.

Queda aún por dilucidar lo que un amante de la ciencia-ficción cinematográfica podría designar como encuentro del tercer tipo, tan segregado e ignorado como el mundo de las galaxias: *La cultura africana* omitida casi siempre por asunto urticante de la piel y para evitar la incomodidad de traerla por los cabellos. La condición esclava con que aquellos hombres oscuros, cazados como indios, vinieron a América, fue lo único de donde se pudo asir la teoría simplificadora de la homogeneidad. Foster cita a Herkovits para indicar los encuentros refractarios que los primeros negros esclavos de América escenificaron entre ellos. *La cultura africana* era tam-

---

[9] George M. Foster. *Cultura y Conquista. La herencia española en América*, Xalapa (México), Universidad Veracruzana, 1985.
[10] *Cf.*, especialmente el cap. II, "El concepto de 'cultura de conquista'", pp. 33-50.
[11] *Ibid.*, p. 67.

bién una diáspora doliente de senegaleses, congoleses, guineos, etc.[12] Todo esto, por mestizo, pone a pensar a un malintencionado sobre nuestro singular mestizaje. Además, ¿Puede hablarse de homogeneidad impoluta en alguna cultura, la italiana medioeval o renacentista, por caso, o la soviética y la húngara actuales? Eso, para no recordar los años de lucha que los irlandeses llevan en Inglaterra.

Si por encuentro entendemos controversia, enfrentamiento doloroso, con que se fue amasando nuestro crecimiento social para terminar unidos bajo una sola dominación de ayer y otra de hoy –como viene enfatizando el Dr. Leopoldo Zea–, hay que admitir que lo hubo en un caleidoscopio de espacios de procedencia, desde donde hombres y culturas convergieron aquí, para poner en colisión visiones antagónicas del mundo y, desde entonces, comenzaron los desencuentros.

Desencuentros

Cuentan de un héroe –hijo de un dios y una mortal, o viceversa– que un día bajó a la tierra, habitó entre los hombres, predicó una doctrina, pocos le creyeron, trataron de corromperlo. Como todo redentor, murió sacrificado. Luego ascendió a los cielos. Unos recordaron que él había anunciado el regreso desde Oriente y lo confundieron con otro, que venía en defensa de sus creencias.

¿De quién se habla, de Cristo o de Quetzalcóatl? El desencuentro procede del simple enunciado por mitemas que se actualizan en mitologemas al insertarse en las visiones náhuatl y cristiana del mundo.[13]

Debajo de la Catedral de México asomó otro día una enorme cabeza de piedra: la serpiente emplumada. Subyacía en el espacio. Estaba yuxtapuesta, no mestizada con la religión dominante. Por todos los rincones de América, en su toponimia, en su gastronomía y atuendo, en las festividades religiosas como el San Benito y el San Juan acompañados de tambores y máscaras rituales venidas de Africa, aflora la contienda de símbolos contrapuestos. Alejo Carpentier leyó en ellos buena parte de "lo real maravilloso americano". No es mestizaje, es contigüidad diferenciadora pero,

---

[12] *Ibid.*, pp. 400-401.
[13] Sobre los conceptos relativos a mitemas y mitologemas, *cf.* C. Levi-Strauss, *Antropología estructural*, Buenos Aires, EUDEBA, 1968, especialmente pp. 191-192. También Ludolfo Paramio. *Mito e ideología*, Madrid, Alberto Corazón, 1971, pp. 33-34. Finalmente, Juan Villegas. *La estructura mítica del héroe en la novela del siglo XX*, Barcelona, Planeta, 1973, pp. 52 y ss.

¿americana solamente? Dentro del socialismo, la Catedral gótica del Santo Rey Mathyas, se yergue como símbolo nacional. A un lado se erige un Hotel Hilton Internacional, sobre una colina de la vieja Budapest. Al pie de esa colina, uno transita en medio de termas romanas y música síngara. Todo esto sucede antes de la Perestroika. La heterogeneidad pareciera ser un rasgo inherente a cualquier cultura. Por lo tanto, nuestro mentado mestizaje, ni es único, ni nos define por singular, ni tiene por qué deprimirnos como producto ambiguo de sistemas europeocéntricos con los cuales se intentan medir las distancias de las culturas "no europeas", a menos que se paguen los impuestos de occidentalidad.

Las tres vertientes iniciales (indígenas, africanas, hispánicas) cada una formada a su vez por una pluralidad de encuentros anteriores, en América coincidieron sin fundirse del todo. Coexistieron o sobreviven por sobre las dominaciones de ayer y de ahora. Son culturas "de resistencia" en término preferido por García Canclini. Se han estudiado con criterios discriminatorios o sacralizadores. Devienen en mitología histórica con sus héroes y villanos.

Quinientos años después luce absurdo, aparte de inocuo, seguir reclamándonos daños y agravios recíprocos. Sería más provechoso replantearnos un enfoque historiográfico desacralizador, en términos de igualdad y donde lo común es una encrucijada por superar, más allá de los patrones implantados por una misma oligarquía, primero conquistadora, luego colonizadora, después colonizada, más tarde independiente y avergonzada de sus sangres impuras, contemporáneamente saqueadora, corrompida, morosa en sus deudas y siempre próspera.

El problema de hoy no es dictaminar sobre quiénes se portaron como niños buenos en medio de un contrapunto de asombros y desconciertos, en una reciprocidad de miedos sangrientos, dentro de una guerra de conquista y pugna de creencias. De ahí venimos. Eso está bien claro. Lo que permanece oscuro es adonde nos llevan o iremos a parar en este desencuentro de quinientos años, durante los cuales los grandes abandonados han sido y siguen siéndolo aquellos abuelos cobrizos y negros, a quienes desintegramos en sus culturas, de tanto querer integrarlos a valores de imposición, que de poco nos van sirviendo ya moral y socialmente.

SENTIDO Y PROYECCIÓN DE 500 AÑOS DE HISTORIA EN EL CARIBE DE LA AMÉRICA NUESTRA

Samuel Silva-Gotay
Puerto Rico

La búsqueda del sentido del V Centenario como balance de 500 años de historia, responde a la decisión de apropiarnos el pasado para entender la historia cuando no fue nuestra, con el objeto de liberarla de ese carácter ajeno y como tal, opresivo. Queremos liberarla para transformarla en historia de afirmación de nuestros pueblos: de Puerto Rico y el Caribe en nuestro caso particular, y de América Latina en el de todos. Queremos liberarla en el sentido de reconocer la opresión y arrancar su aguijón.

Inmediatamente se nos presenta esta tarea como una tarea *política*. Sólo así nos libramos del paralizante lamento o de la humillante actitud que implica la "celebración" de nuestra conquista y colonización. Sólo este principio puede dar coherencia a eso de pasar balance, asimilar lo positivo y pensar esa historia desde las tareas inconclusas en solidaridad y libertad, lo cual vale por decir, con dignidad y eficacia.

La palabra no puede liberar la historia de su carácter opresivo e injusto. Sólo la práctica humana de la liberación puede hacerlo. De la misma manera que el culto de sacrificio a Yahvé en el Antiguo Testamento no tiene sentido si no es celebración de la práctica de la justicia a los obreros, a los débiles y a los oprimidos, (Is. 58:2-8) tampoco nuestra palabra tiene valor si no es como celebración de nuestra lucha por la liberación, de nuestro poner la palabra al servicio de los pobres de la tierra, de los sin voz, de los oprimidos y explotados, para que dejen de serlo.

Esa liberación para justicia tiene como condición la recuperación del poder de los trabajadores sobre su propio trabajo. Poder necesario para liberación de los pobres. No habrá independencia, ni solidaridad, ni integración, ni futuro para nuestros pueblos sin que los pobres recuperen el poder sobre aquello que determina lo que somos: el trabajo. Ser libres es dejar de "construir para que otro habite y dejar de sembrar para que otro coma", como ya señala Isaías en el milenario poema sobre la Utopía del Reino de Dios.

La historia es la historia de la producción y reproducción de la vida social, es la historia del trabajo y las contradicciones que esa reproducción engendra. He aquí entonces nuestra tarea: poner la palabra al servicio de la apropiación del trabajo por parte de los trabajadores para hacer una historia nueva. Esto no es otra cosa que arrancar el aguijón a la opresión y esta tarea es una tarea política.

Hacer balance de 500 años para apropiárnoslos en función del futuro de liberación, de justicia y de solidaridad latinoamericana, es hacer balance de la historia de explotación del trabajo y de la lucha de resistencia que comienza en América a partir de 1492. Nuestra historia no es sólamente una historia de explotación y dependencia, no es la historia de lo que trajeron los europeos solamente; nuestra historia es la historia de las contradicciones entre ellos y nosotros, es la historia de lo que hicimos nosotros con lo que ellos trajeron. Es la historia de la resistencia, la afirmación y la liberación nuestra.

Por esto en el caso del Caribe, el *qué hacer* podemos y debemos extraerlo del balance de la conquista y colonización española, inglesa, francesa y holandesa y de la resistencia, afirmación y lucha por la liberación en esta región de esta América nuestra. Las claves para la determinación de nuestra tarea están ahí. No las podemos pensar fuera de esa historia.

Hace unos años tenía la dificultad de cómo ilustrar y convencer a los amigos del Cono Sur sobre cuán complejo era el Caribe de la América nuestra y por qué hay que hablar siempre de América Latina y el Caribe. Estando en Trinidad los llevé a la celebración del 20 aniversario de la independencia de Trinidad en la Catedral Episcopal Anglicana. Eran sólo 20 años, era un país de negros de habla inglesa y no era un *Te-Deum* en una catedral católica. Dirigió el culto del obispo anglicano negro y lo hizo en inglés. Leía la Biblia el obispo católico que recordaba a todos sin decirlo, que esa isla católica había pasado de los españoles a los ingleses en 1797. El sacerdote hindú que representaba esa enorme población oriental, que vino a sustituir el trabajo esclavo luego de la abolición de 1836, y que en algunas islas inglesas constituye la mitad de la población, elevó una oración hindú. Los *Spiritual Baptists*, que integran los principios de las iglesias bautistas inglesas y algunas creencias de la santería africana tocaron los himnos en los drones de acero. El coro de los santeros de Shangó, el culto de origen africano de Dahomey, amenizaba el acto vestido con sus blancas togas. En el público se encontraban algunos miembros del remanente de 103 arawakos, llamados caribes por los españoles, que sobresalían por su brillante pelo negro y lacio y por su acento castellano del siglo XVI que todavía guardan para comunicarse entre sí en la intimidad del hogar en esa isla de habla inglesa. Cuando salimos de la catedral le dije a mis amigos del Cono Sur, esa "ecumene" que acaban de ver celebrando juntos, es el Caribe. De ahí en adelante no tuve que explicar mucho.

Cuando esa familia caribeña de nuestra América celebra el mal llamado "descubrimiento", o el diplomáticamente llamado "encuentro de dos mundos", reproducen una memoria dialéctica. En esa memoria dialéctica está lo que recibimos y lo que nosotros los americanos que teníamos nuestra propia historia, hicimos con lo de ellos para transformarlo, para hacer otra cosa –nuesta historia– y devolverle lo suyo transformado en otra cosa.

Los caribeños hacen memoria del genocidio de los arawakos. Para 1547 dice Oviedo, que en Santo Domingo sólo quedaban 500 indios de más de 200,000 encontrados por Colón. En Puerto Rico ya eran escasos para 1600. Hoy encontramos unos miles acorralados en la isla de Dominica además del insignificante remanente de Trinidad. Pero también el Caribe hace memoria de su resistencia en Puerto Rico, en Cuba, Santo Domingo de una lucha que obligó a los españoles a bautizarlos de caribes para justificar legalmente la cacería y esclavitud de un pueblo que peleó hasta su exterminio por defender su libertad. Proceso éste que determinó una etapa de nuestro ser.

Cuando recuerdan el inicio de la conquista y colonización en Santo Domingo, legitimada por los bulas de la Iglesia y el pretencioso requerimiento que ligitimaba el saqueo, el repartimiento y la esclavitud los caribeños, hacen memoria también del sermón de Montesinos atacando la totalidad del sistema de explotación tornando su legitimación en ilegitimación. Hacen memoria de la conversión de Las Casas, quien da inicio al vasto proceso de rescate del carácter liberador de la fe cristiana que culminó hoy en la Teología de la Liberación.

El sermón de semana santa del fraile Antonio Montesinos en Santo Domingo rescatará el carácter liberador de la fe cristiana y hará posible la quiebra teológica del mecanismo legitimador de la cristiandad colonial, ruptura que el Padre Las Casas llevó a sus últimas consecuencias dentro del sistema existente. Montesinos había condenado no a los no creyentes sino a los creyentes, lo cual es la paradoja del profeta:

"Todos estais en pecado mortal... por la crueldad y tiranía que usais contra estas gentes inocentes... ¿Con qué derecho y con qué justicia teneis en tal cruel y horrible servidumbre a estos indios? ¿Con qué autoridad... los matais para sacar y adquirir oro cada día?... Estos, ¿no son hombres?"

Es precisamente esta paradoja lo que caracteriza el criterio de la tradición hebreo cristiana para definir quién es el verdadero ateo y quién el verdadero cristiano.

Las Casas habrá de revelar el núcleo crítico del verdadero cristianismo cuando desnuda el cristianismo falso de la cristiandad colonial al relatar su conversión:

"Quien ofrece en sacrificio algo mal obtenido, su Ofrenda es culpable... ofrecer un sacrificio con lo que pertenecía a los pobres es lo mismo que matar al hijo en presencia del padre. El pan de los necesitados es la vida de los pobres privarlos de su pan es cometer un crimen... privarlo del salario que le corresponde es derramar su sangre".

Hatuey, el caudillo de la rebelión indígena en Santo Domingo explica en Cuba el porqué de su persecución y a la vez explica el mecanismo de la instrumentalización de la fe cristiana por el sistema económico: "¿Sabeis porque lo hacen?

...porque son de su natura crueles y malos. No, no lo hacen sólo por eso, sino porque tienen un Dios a quien ellos adoran y quieren mucho y por habello de nosotros para lo adorar, nos trabajan de sojuzgar y nos matan. Tenía una cestilla llena de oro y joyas y dijo: Veis aqui el Dios de los cristianos".

La denuncia de la instrumentalización de la fe cristiana por el aparato productivo y de dominación del modo de producción esclavista colonial constituye una esencial contribución americana a la sociología de la religión y a la teología de la cual se servirán Tupac Amaru, Hidalgo y Morelos en su tiempo, los teólogos de la liberación y cristianos por el socialismo que animan hoy esa vasta transformación teológica e ideológica que se manifiesta más dramáticamente en esa amplia literatura en el continente, en la presencia brasileña, y en las luchas de Nicaragua y El Salvador, con lo cual América le devuelve a Europa un cristianismo transformado. Un cristianismo transformado en denuncia y anuncio. Denuncia de toda injusticia y anuncio de la utopía de un reino de justicia y fraternidad humana que sirve a la agenda americana de palanca subversiva.

Cuando el Caribe pasa balance del inicio del trágico comercio negrero de portugueses y holandeses al servicio de españoles e ingleses que despobló milenarias culturas y comunidades africanas al arrancar de sus hogares a sangre y fuego más de once millones de africanos, porque estas tierras, dice el rey "sin quien los trabajos no valen nada"; cuando saca cuenta de cómo los ingleses montaron su rico comercio triangular sobre el trabajo esclavo para hacer posible la acumulación de capital que repercutió en el vertiginoso crecimiento de las ciudades industriales y los grandes puertos ingleses que dieron lugar a la revolución industrial; cuando añade a esa cuenta el rico emporio francés en Santo Domingo, (que llegó a tener 11,500 plantaciones trabajadas por 600,000 esclavos y 30,000 mulatos libres que servían a 5,000 adultos blancos en esa pequeña isla) también le viene su contrario a la memoria: recuerda el Caribe el centenar de rebeliones caribeñas en las islas hispanas, inglesas, francesas y holandesas que finalmente explotó en la rebelión negra del St. Domingue francés que destruyó dos de los mejores ejércitos europeos y fundó en 1804 la primera república latinoamericana en América: Haití. Desde entonces sufrimos en el Caribe los bloqueos de los poderes metropolitanos para impedir nuestro desarrollo. Desde entonces también crece la solidaridad antillana en favor de la independencia, la justicia y la libertad en la región. Recordamos que en esa isla se refugió el Bolívar derrotado y allí escuchó de Petión que la independencia sin abolición de la esclavitud no es libertad.

Del interior de esa historia de afirmación antillana nació ese poderoso movimiento negro dirigido por Marcus Garvey en Jamaica que llevó a la revaloración de la negritud y la cultura africana y que eventualmente sembró las semillas para ese movimiento nacionalista de las islas de habla inglesa en el siglo *XX* y los rebeldes de Malcom X que se integran a la lucha de los negros en este siglo.

La dialéctica caribeña en el siglo *XIX* revolucionario es diferente a la del continente. Las condiciones no permiten la madurez de esa lucha hasta la segunda mitad de dicho siglo. Entonces se hace posible a los antillanos de habla hispana la lucha por la "independencia cubana y el auxilio de la de Puerto Rico" y el rescate de la República Dominicana. Entonces explota la guerra con el grito de Yora en Cuba, aunque se frustra la insurrección del Grito de Lares en Puerto Rico. Pero desde entonces vemos al eminente médico puertorriqueño Emeterio Betances traficando armas y apoyo a las rebeliones del Caribe, frustrando la compra de República Dominicana por Estados Unidos representando la lucha cubana en Francia, coordinando la solidaridad antillana allí donde las condiciones hacen posible la rebelión y liberando esclavos en las pilas bautismales. Eugenio María de Hostos el "ciudadano de América" deja Puerto Rico para luchar y escribir a lo largo de toda América por un nuevo orden social y espiritual mientras vela la oportunidad para regresar a un Puerto Rico libre. Martí dirige desde el exterior el directorio de patriotas exiliados para promover "la independencia de Cuba y auxiliar la de Puerto Rico" que recoge las aspiraciones de intelectuales, obreros y artesanos del exilio.

Hacer memoria para el balance de ese periodo es poner en juego el rápido caleidoscopio de acontecimientos que se dan en el 98 en la madurez del reparto mundial, cuando el capitalismo cobra su carácter monopólico y Estados Unidos se dispara en expansión sobre todo el Caribe arrebatando a Cuba su independencia, tomando a Puerto Rico como botín de guerra y arrancando Filipinas de manos de España para convertir el Caribe en una gigantesca plantación azucarera. Arranca los obreros de Haití desde donde los exporta por miles a Cuba; lleva los de Puerto Rico a Hawai; inventa el país de Panamá arrebatándole la provincia a Colombia, donde construye un canal con obreros de todas las islas; invade a República Dominicana, Haití y Nicaragua y los gobierna directamente por más de 10 años, para luego dejarlos en manos de dictadores; invade y se apodera de las aduanas de casi todo el Caribe y Centro América en un crechendo imperialista que suma más de 100 intervenciones en los primeros 30 años del siglo XX.

Pero otra vez, porque en esas condiciones hacemos la historia y aquí hay que buscar nuestra agenda, nuestra memoria recupera las luchas de resistencia con que dominicanos, haitianos, puertorriqueños y cubanos hicieron la historia y más tarde, del 1940 en adelante las que se intensifican en las islas inglesas y francesas. Es el periodo en que recuperamos la figura del maestro Albizu Campos, conciencia nacionalista de la década del 30 en Puerto Rico, que habiendo sufrido en las cárceles del imperio, dirige la insurrección nacionalista de 1950 en pleno auge del populismo colonial del Partido Popular Democrático, cuando ya Luis Muñoz Marín disfrazaba el carácter colonial de esa relación con el embeleco jurídico del Estado Libre Asociado.

Si bien el desencuentro entre nacionalismo y socialismo en el periodo populista va a retrasar acontecimientos como ese enorme halón histórico que conocemos como la Revolución Cubana, las condiciones para el triunfo de ésta y las semillas que dejan esos movimientos sociales en el Caribe, van a repercutir en la formación de una amplia y profunda conciencia crítica y solidaria en todo el Caribe, que posee una madurez teórica que nunca tuvo.

La Revolución Cubana en 1950 abre un abanico de esperanzas en toda la región que ha tomado diversas formas en los últimos 29 años.

La lucha del pueblo salvadoreño y la Revolución Nicaragüense producen una ampliación de la conciencia antillana que la obliga a pensar en la totalidad de la cuenca caribeña e incluir a Centro América en su visión cotidiana y solidaria del Caribe. La tragedia de Granada rompió las barreras de los idiomas coloniales para producir nuevas redes de información, comunicación, apoyo y estrategias de liberación más inclusivas.

Este balance que a grandes rasgos traigo para asimilar lo positivo y pensar lo nuevo desde las taras reconclusas para la solidaridad de nuestra América nos señala lo siguiente: No podemos inventarnos las tareas nuevas para pegarlas como estampillas al álbum de familia. Surgen del interior dialéctico de nuestra historia real. Están ahí y no están fuera de nosotros porque circulan por nuestras venas y animan nuestro espíritu.

De aquí que señalo cuatro grandes prioridades que deben concebirse en el marco de la utopía latinoamericana de una sociedad justa y fraterna y fundirse en un sólo grito de combate. El marco de orientación intransigente, y jamás negociable, que debe orientar las tareas históricas particulares sujetas al regateo político con las condiciones existentes que dictan posibilidades, es el marco de la certidumbre radical de una América en que el poder de los trabajadores sobre su trabajo les sea devuelto como condición necesaria para la construcción de un nuevo hombre. Esta condición que no es suficiente, no es toda la liberación, es sin embargo la esencia, la base, el fundamento para esa construcción del hombre nuevo.

En estos tiempos en que versiones enanas del "post modernismo" rinden la esperanza de la utopía totalizadora a las pequeñas negociaciones y reivindicaciones de pequeñas comunidades, tenemos que afirmar el poder de la utopía del sueño de la humanidad que sirve de palanca crítica para someter a juicio el carácter relativo de los logros parciales de la humanidad y mantener viva la lucha continua por esa posibilidad de justicia y fraternidad humana, que todavía no tiene lugar en el topos.

Sólo en ese marco estratégico tiene sentido la política: la política de las transacciones, de las reivindicaciones comunales, de las alianzas y de la pequeña celebración.

Desde el Caribe de esta América hay que señalar cuatro grandes prioridades:

1. En el Caribe la esclavitud nos dejó un lastre socioeconómico que posteriores poderes metropolitanos han instrumentalizado para continuar la explotación. Pero también ha dejado una historia de resistencia, rebeldía y de afirmación que constituye un recurso subversivo y un fundamento para la esperanza y la utopía. Es una historia de solidaridad antillana que nos reclama. Haití no ha podido reponerse después del reparto que hiciera Estados Unidos con su población por todas las plantaciones del Caribe entre 1915-1924. Representa el más pobre entre noso-

tros. Pero es el pueblo con mayor fortaleza ante la adversidad. Su enorme capacidad para la esperanza espera condiciones materiales y objetivas más apropiadas para su florecimiento. Nosotros estamos en la obligación de escogerlos como el hermano que requiere nuestra prioridad. Privilegiemos los más pobres entre nosotros. Además los pueblos de Hispanoamérica tenemos una deuda histórica con Haití, el pueblo que protegió y alimentó a Bolívar, el pueblo que contribuyó a la reformulación de su proyecto y nos lo regresó armado. Hay que difundir información sobre Haití, defenderlo en los foros internacionales, denunciar aquellos que explotan su fuerza de trabajo para el enriquecimiento de los que no comparten el fruto del trabajo, denunciar los que usan el poder militar para destruirlo, y para impedir su camino hacia la democracia y el verdadero desarrollo.

2. Cuba constituye la ruptura histórica más definitiva con el capitalismo y la experiencia nacional y social contemporánea más costosa. Para Cuba nada ha sido más costoso que la afirmación de su independencia en el desarrollo de su autogestión, de la resistencia al chantaje y al bloqueo, de afirmación del compromiso con la recuperación del trabajo para beneficio de los trabajadores y de solidaridad con los pueblos latinoamericanos que luchan por su independencia y la liberación nacional. En la medida en que esos logros históricos relativos son también nuestra esperanza, Cuba es tan nuestra como es de los cubanos.

Cuba se encuentra enclavada en el Caribe, la zona más militarizada cercana a los Estados Unidos. La tragedia de Granada resultó en una militarización de la región nunca antes vista por nosotros. Esa militarización va acompañada del Caribbean Basing Iniciative para someter la autonomía de las economías del Caribe a la de Estados Unidos.

De la misma manera que Cuba agudizó nuestra conciencia de la posibilidad de ruptura con una historia pasada, y galvanizó la región en torno a sí, Nicaragua y El Salvador agudizaron la conciencia caribeña hacia la totalidad del Caribe ampliándola de lo antillano a la gran cuenca del Caribe que incluye Centro América.

Es pues tarea prioritaria para los latinoamericanos en el ejercicio de su identidad, de su empeño integrados, la defensa de Cuba y Nicaragua y el apoyo decidido y eficiente e El Salvador.

Los pueblos que se ven forzados día a día a arrancar su futuro de las rocas con las uñas constituyen entre nosotros la lección más contundente sobre el poder de la esperanza. Con la afirmación de Cuba, fortalecemos la nuestra con la defensa del futuro de Nicaragua y El Salvador, defendemos el nuestro. Somos todos miembros los unos de los otros.

Cuba podrá fortalecer su camino hacia el desarrollo y hacia la democracia socialista en la medida que tenga el espacio que da la seguridad de su cielo y de su mar, en la medida en que nosotros formemos una fraternal cadena de reconocimiento a su soberanía nacional, una cadena solidaria de defensa ante todos aquellos que recurren a la crítica perversa, injusta para propósitos de traición. Nosotros somos Cuba.

Nicaragua y El Salvador, que construye el futuro en medio de las fuerzas del imperio que le quita el pan de la boca a los pobres, tendrán el oxígeno necesario en la medida en que le salgamos al paso en todos los caminos a los políticos, militares, empresarios y farsantes de la academia que a nombre de sus intereses disfrazados y su irresponsabilidad intelectual hacen alianza con las verdaderas fuerzas del mal.

Son ellos, Cuba, Nicaragua y El Salvador quienes podrán a su debido tiempo darnos vida, defender nuestra soberanía y nuestra esperanza, porque su vida es la nuestra.

3. Las luchas por la independencia del colonialismo español y las reivindicaciones sociales de obreros y campesinos en la segunda mitad del siglo *XIX*, intervenidas por el surgimiento de Estados Unidos como metrópolis dominante a partir del capitalismo monopólico, continúan planteándonos todavía hoy una agenda incumplida en Puerto Rico y República Dominicana. La deuda que sirvió de pretexto para la invasión de Estados Unidos a República Dominicana en 1914 y su larga ocupación se transforma hoy en la amarga medicina a que la obliga el Fondo Monetario Internacional por falta de esa solidaridad latinoamericana que todavía no cuaja para decirle no al pago de la deuda. Puerto Rico sigue constituyendo la nación latinoamericana que aún no hemos libertado para su primera independencia. Esta es una agenda inconclusa de Bolívar, por lo tanto, el grito de guerra de los latinoamericanos para 1992 debe ser: ¡Quinto Centenario sin colonias!

4. Este último periodo histórico marcado por la reestructuración de la hegemonía económica, militar y política de Estados Unidos dirigida por el peligroso simplismo no conservador de empresarios, militares y políticos de Estados Unidos toma forma en organismos económicos y militares en la región caribeña que constituyen un engaño y un atentado a las inspiraciones del

desarrollo de la región y el establecimiento de una fraternidad caribeña.

Su detallada comprensión, para lo cual no tenemos tiempo aquí, encierra agendas prioritarias que hay que desentrañar aún y articular a los caminos que los movimiento sociales y políticos del área van articulando. Pero esa agenda debe seguir estas líneas:

A. Hay que investigar y difundir las investigaciones sobre el carácter dominador de estas instituciones y arreglos económicos.
B. Hay que denunciar la creciente militarización de la región, organizar encuentros y establecer organismos para combatirlo.
C. Hay que abrir América Latina a la presencia fraternal, solidaria, no militar de colaboración política con el resto del mundo.

Finalizo, señalando que América será para los próximos 500 años aquello que practique todos los días. Llegamos a ser aquello que hacemos una y otra vez, especialmente de cara a la dificultad. Por eso, ya decía aquél que dio su vida por sus hermanos latinoamericanos: "Seamos realistas hagamos lo imposible".

Por eso, al unísono el grito de este congreso al igual que todos los congresos latinoamericanos del V Centenario debe ser:

¡Un V Centenario sin colonias!

EL ENCUENTRO LINGÜÍSTICO Y LA AMÉRICA LATINA

Arturo Ardao
Uruguay

I

El llamado Encuentro de Dos Mundos, resultante del Descubrimiento de América por Europa, presenta múltiples aspectos, de muy diversa índole, a partir del episodio colombino de 1492.

Entre ellos, el *encuentro lingüístico*, con todo lo que tuvo de barrera a la vez que de comunicación. Hecho presente desde el primer momento, se prolongó sin interrupción alguna, bajo cambiantes modalidades de imposición conquistadora o de intercambio espontáneo, a lo largo de los transcurridos cinco siglos de historia, considerados aquí en tanto que lo han sido para la América Latina. Este mismo nombre, *América Latina*, y su correspondiente idea, no aparecieron sino al cabo de tres siglos y medio de dicha historia; pero lo hicieron, la idea y el nombre, como consecuencia profunda –por debajo de ulteriores circunstancias ocasionales– de aquel inicial episodio.

En otras palabras: la expresión América Latina, aunque haya recibido formulación, como nomenclatura, sólo a mediados del siglo XIX, no reconoce otro fundamento que el vasto encuentro lingüístico de Dos Mundos, de que fue punto de partida el conmemorado octubre de fines del siglo XV. La superposición toponímica del hispánico San Salvador el nativo Guanahaní, como denominación de la pequeña isla de las Lucayas en que Colón hizo tierra, fue la primera exteriorización relevante del revolucionario encuentro de las lenguas de uno y de otro mundo.

Más importante para nuestro asunto es que fue la primera piedra lingüística del futuro nombre de la América Latina, a pesar de que hoy esa isla no pertenece a ella sino a la América Sajona.

II

Considerando el continente en su sentido lato, como totalidad hemisférica, y el encuentro lingüístico en sus sucesivas fases de conquista, colonización e inmigración –antes y después de las Independencias– el número de las lenguas puestas en contacto es inmenso. Llegan lenguas de Europa, de Africa, de Asia; y se relacionan aquí con lenguas indígenas tan variadas, que ha sido siempre de enorme dificultad su catalogación y clasificación.

No obstante la cantidad y diversidad a una y otra punta, importa destacar entre las lenguas incorporadas, los idiomas impuestos oficialmente por las potencias conquistadoras y colonizadoras: el español, el portugués, el francés y el inglés, como principales; en escala menor, el holandés y el danés. De los seis apuntados, los tres primeros son románicos, o romances, o neolatinos, o simplemente latinos, así llamados en conjunto –con cualquiera de esas denominaciones– desde la primera mitad del siglo *XIX*, no antes; los otros tres son germánicos.

A su vez, entre las lenguas preexistentes resultan notables por su grado de cultura, en algunos casos refinada, el nahua, el maya, el quechua, el aimara, el guaraní, todo ellos de extraordinaria vitalidad hasta hoy. En esta muy restringida mención habría que añadir las lenguas del grupo caribe: culturalmente menos evolucionadas, como centenares de otras desde Alaska hasta Tierra del Fuego, tienen, sin embargo, la particularidad de haber sido las primeras con las que entró en contacto el idioma español, aportándole desde muy temprano palabras como *canoa, huracán, tabaco, maíz, colibrí, caníbal, cacique,* etc., muy pronto transferidas a otras lenguas europeas. Fueron préstamos no menos universalizados que los que también rápidamente hizo el nahua, con: *tomate, chocolate, cacao, cacahuate,* etc., o el quechua con: *cóndor, pampa, alpaca, puna, papa, puma,* etcétera.[1]

El mentado Encuentro de Dos Mundos, alude literalmente a los llamados por tradición Viejo Mundo y Nuevo Mundo. En el plano de los términos, el primero no pudo surgir, valga la paradoja, sino *a posteriori* del segundo. La aparición de éste en las plumas de Pedro Mártir o de Vespucio, automáticamente le dio vida por obligado contraste. Pero ha tenido él dos aplicaciones: a la sola Europa, a primer grado; al macizo conjunto de Europa, Africa y Asia, a segundo grado. Desde este último punto de vista, aquel encuentro vino a ser, en lo lingüístico, una forma de "reencuentro",

---

[1] Philippe Cahusac, "Historia de la formación de la lengua española", en el vol., colectivo *Un milliard de Latins en l'an 2000*, L'Harmattan París, 1983, pp. 24-25.

con todo el convencionalismo del caso. Sobrevolando los milenios, de Asia procedían, por opuestos puntos cardinales, las dos grandes vertientes. En cuanto a la recién llegada, los idiomas románicos y germánicos trasplantados a América, eran todos "indo-europeos", si bien de remoto origen desconocido. Se ha dicho recientemente:

> "No se sabe de dónde venían, por ejemplo, los latinos, esa ínfima parte de los indo-europeos, que iban a tener, sin embargo, un destino excepcional porque después de haber alcanzado el océano Atlántico en Galia y en la Península Ibérica, iban a atravesarlo para descubrir el Nuevo Mundo e imponer en él lenguas neo-latinas".[2]

III

Los idiomas románicos, gestados en la Alta Edad Media, estaban perfectamente definidos, incluso a nivel de escritura después de su fase sólo hablada, hacia fines del siglo X. Su parentesco, por la común descendencia del latín, debió, sin embargo, esperar hasta el siglo XV para ser reconocido por primera vez. Pero no fue, todavía, sino en el siglo XIX que se llegó a darles una denominación común, y a emprenderse su estudio conjunto con la fundación de la filología románica.

Aunque la expresión misma "filología románica" no se empleó, al parecer, hasta la década del 60, la constitución de dicha rama científica quedó cimentada entre 1816, con la obra *Pruebas históricas de la antigüedad de la lengua románica* acompañada por una *Gramática* de la misma lengua, del francés Francisco J.M. Raynouard, que abrió el periodo fundacional; y 1836, con la obra *Gramática de las lenguas románicas* del alemán Federico Diez, que lo cerró. Dicho sea sin olvido de complementarios estudios fundadores entre esas mismas fechas, de los autores nombrados así como de otros. Y nada se diga de la cada vez más intensa bibliografía posterior a 1836, comprendidas obras fundamentales de los propios Raynouard y Diez.

Debemos detenernos algún momento en ese marco cronológico 1816-1836. Fue en su ambiente intelectual, característico de la conciencia romántica en ascenso, que empezó a insinuarse –por repercusión de la filología en la etnología, y de ambas en la política cultural, y aún en la política a secas– el nombre América Latina.

Pudo observarse en los títulos arriba citados, Raynouard habla de 1816 de "lengua románica", en singular, y Diez de "lenguas

---

[2] Alvaro Rocchetti, "En el origen de las lenguas latinas: el indo-europeo", en *ibidem.*, p. 18.

románicas", en plural. Consabida es la tesis inicial de Raynouard. La lengua provenzal de los trovadores, viva entonces como sigue siéndolo hoy, es la única lengua románica, derivada directamente del latín popular e intermediaria entre éste y las otras lenguas modernas que lo tenían por antepasados: la francesa, la española, la portuguesa y la italiana (sólo más tarde añadió el idioma válaco, futuro rumano). No había todavía para ellas un nombre común. Raynouard siente la necesidad de encontrarlo. En este lugar ensaya tan sólo una aproximación por vía de perífrasis: *lenguas de la Europa latina*.

Aquel estudio era sólo parte de un complejo volumen, tomo primero, a su vez, de una serie sobre los trovadores cuyo tomo sexto y último se publicó en 1821 con el título particular de *La gramática comparada de las lenguas de la Europa latina, en sus relaciones con la lengua de los Trovadores*.[3] La expresión "Europa latina", verdadero neologismo entonces en la acepción de Europa de lenguas derivadas del latín, usada varias veces por Raynouard ya en 1816, resultaba ahora incorporada, muy probablemente por vez primera en condición científica, a un título de libro. La hizo suya, por su parte, A.G. Schlegel, en 1818, comentando a Raynouard. Pero así como éste no había llegado a decir "lenguas latinas", tampoco lo hace él, avanzando, con todo, en algún lugar, la expresión "lenguas latinas mixtas".[4]

Impresionado por la lectura Raynouard y muy interesado en el orbe literario y lingüístico románico, Goethe, septuagenario, aconsejó en 1817 a Diez, veinteañero, orientarse en la misma dirección. A seguir ese consejo consagró éste el resto de su vida. En 1826 publicó su primera obra, *La poesía de los trovadores*. Del punto de vista de la nomenclatura, aparecen ya en ella dos innovaciones respecto a Raynouard: por un lado, del singular "lengua románica" pasa el autor al plural "lenguas románicas", comprensivo de la totalidad de las lenguas descendientes del latín; por otro, introduce como denominación equivalente el neologismo "neolatinas",[5] adoptado en seguida por el propio Raynouard.

Una y otra expresión, de igual alcance, se difundieron desde entonces, pero más todavía desde la citada *Gramática* del mismo

---

[3] Título general de la serie fue: *Choix des poésies originales des Troubadours*, París, 1816-1821. El tomo VI se publicó además como libro independiente. Los primeros empleos de la expresión "Europa latina" figuran en el t. I, pp. 44, 49, 82, 433, 438.
[4] A.G. Schlegel, *Observations sur la langue et la littérature provençales*, París, 1818, pp. 21 y 51.
[5] F. Diez, *La poésie des Troubadours*, 1a ed., en alemán, 1826; trad. francesa por F. de Roisin, París-Lille, 1845, pp. 277, 279, 285, 308, 313, 313-314, 314.

Diez, de 1836. Reemplazaron ellas definitivamente al que llamara este último, no sin la mayor consideración y hasta admiración por su antecesor e inspirador francés, *"el circunloquio lenguas de la Europa latina"*, de Raynouard. Era preciso superarlo, cumplida su misión transicional.

IV

Lo que de ese proceso importa en especial a nuestro objeto, es, en primer lugar, el novedoso empleo por Raynouard del término "Europa latina", así llamada, no por el latín en su sentido propio, sino por las lenguas derivadas de él; en segundo lugar, la aplicación a estas lenguas, como sinónimos, de los nombres "románicas", "romances", "neolatinas".

Entonces y después, los filólogos han tenido resistencia a generalizar para dichas lenguas la simple adjetivación de "latinas", como con el mismo renovado sentido lo había hecho el pionero Raynouard para la Europa de aquellas lenguas. La razón ha estado en la colisión con el estudio filológico del latín mismo. Pero de esa inhibición se ha estado libre en otras áreas, en particular las de la historia, la etnología y la política, nacional e internacional. Con lentitud al principio, poco a poco se extiende en esos dominios el nuevo significado del término "Europa latina", y hasta hace su temprana aparición el de "lenguas latinas".

A pura vía de ejemplo:

En 1825 escribía Alejandro Humboldt, en París: "Hoy la parte continental del Nuevo Mundo se encuentra como repartida entre tres pueblos de origen europeo: uno, y el más poderoso, es de raza germánica; los otros dos pertenecen por su lengua, su literatura y sus costumbres, a la *Europa latina*". En 1831 escribía por su parte Michelet: "Su íntima unión [de Francia], será, no lo dudemos, con los pueblos de *lenguas latinas*, con Italia y España".[6]

No puede, pues, sorprender que, también con la mirada en el Nuevo Mundo como Humboldt, pero avanzando un paso más, estampara el sansimoniano Michel Chevalier, en 1836:

> "Haciendo, por un instante, abstracción de Rusia,... hay la *Europa latina* y la Europa teutónica: la primera comprende los pueblos del Mediodía; la segunda, los pueblos continentales del Norte e Inglaterra. Esta es protestante, la otra es católica. Una se sirve de *idiomas en los*

---

[6] A. Humboldt, *Voyage aux régions équinoxiales du Nouveau Continent*, t. IX, París, 1825, comienzo del cap. XXVI; J. Michelet, *Introduction à l'Histoire Universelle*, en el vol. póstumo *Histoire et philosophie*, París, 1900, pp. 101-102. (Las cursivas son del autor).

que domina el latín, la otra habla lenguas germanas. Las dos ramas, latina y germana, se han reproducido en el Nuevo Mundo. *América del Sur es, como la Europa meridional, católica y latina.* La América del Norte pertenece a una población protestante y anglosajona".[7]

El nombre América Latina, como nombre, no había nacido aún, pero estaba en plena gestación. De la novedosa adjetivación Europa "latina", se estaba pasando a la todavía más novedosa América "latina", para pasarse pronto de ésta al sustantivo compuesto *América Latina*. El alumbramiento en ese carácter tendría lugar dos décadas más tarde, en el segundo lustro de los años 50. Fue obra de hispanoamericanos residentes en París, alarmados ante el creciente expansionismo del Norte, con las incursiones de Walker en lo inmediato, después de la anexión de Texas y el desmembramiento de México.

Gran promotor entre aquellos hispanoamericanos fue el colombiano José María Torres Caicedo; pero decisivo resultó para aquel advenimiento, el solidario concurso *latinista y latinoamericanista* –desde Madrid y en el mismo lustro– de la más avanzada inteligencia española de la época, con Castelar y Pi y Margall a la cabeza. La amenaza inminente sobre Cuba, indivisible de las restantes que pesaban sobre la región, impulsaba a aquellos peninsulares a la general defensa de "la raza latina en América", fundada tal "raza", conforme al sentido étnico-cultural con que el romanticismo había asumido este concepto, en la gran comunidad lingüística descendiente del latín.[8]

V

La fundación de la filología románica en la primera mitad del siglo XIX, trajo como consecuencia la exhumación, en la segunda mitad, del término *Romania*.

Sin poder entrar aquí en su compleja historia, baste recordar que, creado en las postrimerías del viejo Imperio Romano, cayó en olvido en Occidente después de Carlomagno. Su persistencia en el Imperio Bizantino hasta la caída de Constantinopla, no afecta a ese hecho. Surgido en el siglo IV para denominar a la "romanidad", y prolongado en los confusos siglos de formación de las

---

[7] M. Chevalier, *Lettres sur l'Amérique du Nord*, París, 1836, t I, Introducción, p. XV, (Las cursivas son del autor).
[8] Nos remitimos a nuestros: *Génesis de la idea y el nombre de América Latina*, Caracas, 1980: *España en el origen del nombre América Latina*, (en vías de publicación).

lenguas románicas, se le vuelve a dar vida ahora para nombrar a la que cabe llamar *romanicidad*.

Le cupo esa misión a dos franceses, Pablo Meyer y Gastón Paris, discípulos de Diez. En 1872 fundaron la revista *Romania*, de influyente y larga existencia en el resto del siglo XIX y en el XX, cuyo subtítulo establecía su consagración al "estudio de las lenguas y de las literaturas románicas". En un célebre ensayo introductorio del número inicial, decía G. Paris de la revista: "...le hemos dado el bello nombre, desde hace mucho tiempo olvidado". Por otra parte, puntualizaba respecto a las lenguas mismas: "El nombre de lenguas románicas, actualmente recibido en la ciencia, hace sensible a todos el vínculo que une los idiomas a los cuales se aplica y el origen de su comunidad. Se les atribuye este nombre desde hace bien poco tiempo".[9]

Pero de mayor interés nuestro, ahora, es poner de relieve lo que dice en cierto lugar: "*En el Nuevo Mundo la Romania se ha anexado inmensos territorios*".[10]

Era la primera vez, en las pocas décadas transcurridas desde los escritos fundacionales de Raynouard y de Diez, que en el plano científico de la filología románica se señalaba la participación de América en el orbe lingüístico descendiente del latín. La historia, la etnología, y sobre todo la polémica política internacional, se habían adelantado, poniendo en circulación desde hacía varios lustros –por americanos y europeos– el hombre *América Latina*. Claro está que esta anticipación no hubiera sido posible sin ciertos giros filológicos de Raynouard en adelante, en particular los de "Europa latina", "lenguas neolatinas", y hasta, por raro que fuera entonces su uso, "lenguas latinas".

Antes de finalizar la década que siguió a la de fundación de la revista *Romania*, el prominente W. Meyer-Lübke, en su *Gramática de las lenguas románicas* de primera edición alemana en 1889, observaba:

> "Diez no ha tenido para nada en cuenta el desarrollo que ha alcanzado el románico fuera de Europa: el español en Africa, en las Indias, en la América del Sur y en la América Central; el portugés en las islas de Cabo Verde, en las Indias y en la América Central (*sic*); el francés en Argelia y en Canadá. Debemos, sobre este punto, en lo que es posible juzgar hasta aquí, distinguir dos grados diferentes: el románico en boca de los colonos y el que hablan los indígenas, apropiado a su sistema lingüístico y penetrado por él de muchas maneras, es decir, el *criollo*".[11] Cabía agregar el gran aporte africano.

---

[9] G. Paris, "Romani, Romania", en revista *Romania* no. 1, París, 1872, pp. 22 y 1.

[10] *Ibid.*, p. 19, (La cursiva es del autor).

[11] W. Meyer-Lübke, *Grammaire des langues romanes*, 1a ed., alemana, 1889; trad. francesa por E. Rabiet, París, 1890, t. I, p. 8.

Insistió con más detención en su *Introducción a la lingüística románica*, de la 1a ed., alemana en 1910, y 3a muy modificada en 1920, traducida ésta al español por Américo Castro en 1926. Después de establecer el concepto de lenguas románicas y su formación en Europa, se extendía el autor sobre su expansión extraeuropea. Nos limitaremos a citar el siguiente pasaje, en el que las partes entre corchetes, destinadas a salvar omisiones geográficas, pertenecen al nombrado traductor español:

> "No obstante ocupar las lenguas románicas de Europa el primer lugar en la investigación científica a causa de su antigüedad, de su importancia literaria, de su más fácil acceso y de su mayor empleo, no estaría justificado prescindir de la evolución del *francés*, del *español*, y del *portugués* en las colonias. Para el español hay que tener en cuenta México, [las Antillas españolas], las pequeñas naciones de Centro América, [Colombia, Venezuela, Ecuador, Bolivia], el Perú, Chile, [Uruguay, Paraguay], Argentina [y las islas Filipinas]; y el Brasil, para el portugués".[12]

En 1930 decía el romanista francés Eduardo Bourciez, en sus *Elementos de lingüística románica*:

> "Fuera de Europa, el portugués es hablado sobre la costa de Guinea y la de Mozambique, sobre algunos puntos de la India y de las islas de la Sonda, en fin, en la mayor parte del Brasil. El español ha permanecido la lengua de todos los otros países de la América del Sur, de la América Central, de las Grandes Antillas y de México". Y más adelante: "Fuera de Europa, el francés es hablado por 3 ó 4 millones de individuos, repartidos en Africa del Norte y las otras colonias que dependen de la metrópoli. Además, los canadienses que han permanecido de lengua francesa forman un grupo de 1 millón y medio de hombres".[13]

Fue en ese contexto científico de la filología románica del primer tercio de nuestro siglo, a cuyo estudio se había incorporado, que asentó Pedro Henríquez Ureña en 1926: "Pertenecemos a la Romania, la familia románica, que constituye todavía una comunidad, una unidad de cultura, descendiente de la que Roma organizó bajo su potestad". Y reiteró en 1934: "Pertenecemos a la Romania, a la familia latina, o, como dice la manoseada y discutida fórmula, a la raza latina: otra imagen de raza, no real sino ideal".[14]

---

[12] W. Meyer-Lübke, *Introducción a la lingüística románica*, 1a ed., alemana, 1910; trad. esp. de la 3a ed., por A. Castro, Madrid, 1926, p. 39.

[13] E. Bourciez, *Eléments de linguistique romane*, 1a ed., París, 1930; 4a ed., París, 1946, pp. 398 y 638.

[14] P. Henríquez Ureña, *La utopía de América*, (Biblioteca Ayacucho), Caracas, 1978, pp. 42 y 13.

VI

El tratado de Carlo Tagliavini, *Orígenes de las lenguas neolatinas*, de 1a ed., italiana en 1949, marca un hito en la materia. Después de recordar los territorios europeos y norafricanos romanizados de antiguo y luego ganados por lenguas no latinas, expresa:

> "Por otro lado, en cambio, las lenguas neolatinas, desenvueltas en una parte del territorio de la antigua Romania histórica, tornadas a su vez lenguas nacionales de pueblos colonizadores, fueron llevadas, en virtud de la expansión de éstos, a territorios que nunca llegaron a tocar los romanos o que ni conocieron (así, p. ej., las Américas), extendiéndose de esta suerte el mundo lingüístico romance hasta el punto de que se compensan de sobra las pérdidas sufridas. Tenemos así una *Romania perdida*... y una *Romania nueva*".[15]

Mucha atención, en diversos lugares, presta Tagliavini a la que llama "Romania nueva". Tras suyo, la distinción entre *Romania perdida* y *Romania nueva* se generaliza. Como consecuencia, la transoceánica expansión de las lenguas románicas –o romances, o neolatinas, o latinas– se vuelve cada vez más importante en la literatura filológica románica. En particular, los estudios romanísticos aplicados al Nuevo Mundo se extienden y se intensifican. Al margen de las especializadas disciplinas científicas de la filología y la lingüística, como de la genérica filosofía del lenguaje, el asunto se presta a desarrollos del punto de vista de la filosofía de la historia y la cultura de las lenguas; y aún, de la filosofía de la historia y la cultura de la Romania.

La idea y el nombre de América Latina, advinieron a la escena histórica como fruto del tardío reconocimiento de la pertenencia de ésta al universo románico, o latino en el ampliado sentido de latinidad que se impone en el siglo XIX. Pero no hubieran sido posibles sin el gran "Encuentro de Dos Mundos" de fines del siglo XV.

Si no como idea, y menos como nombre, América Latina comenzó a ser "latina" *como realidad* –todo lo primigenia que se quiera– en lo que aquel encuentro, de aspectos tan múltiples y de tanto contraste, tuvo de lingüístico. Por su parte, la idea y el nombre recibieron en todo momento, desde su aparición, unánime aplicación retroactiva a dicho lejano comienzo. Raíz profunda de la unidad histórico-cultural latinoamericana, constituye el gran basamento de su proyección futura.

---

[15] C. Tagliavini, *Orígenes de las lenguas neolatinas*, 1a ed., italiana, 1949; trad. esp. de la 5a ed., por Juan Almela, México, FCE, 1973; reimpresión, 1981, pp. 243-244.

QUINIENTOS AÑOS DESPUÉS

II

PROBLEMAS SOCIALES, POLÍTICOS, ECONÓMICOS Y CULTURALES

CONTRA EL MANIQUEÍSMO HISTÓRICO: VISIÓN Y REVISIÓN DE LA HISTORIA DE AMÉRICA

Manuel Maldonado-Denis
Puerto Rico

A medida que se aproxima, a pasos agigantados, la celebración de los quinientos años del descubrimiento de América –que tal cosa fue– así como del encuentro (o tal vez sería mejor decir, el encontronazo) entre las civilizaciones precolombinas y las civilizaciones europeas, se ha agudizado el debate en torno a este acontecimiento histórico que, más allá de toda duda, marcó un hito de importancia trascendentalísima en la historia de la humanidad.

El 12 de octubre ha pasado a ser, por lo tanto, un punto de referencia para reavivar una vez más los viejos debates entre hispanófilos e hispanófobos, tomando el asunto, al menos en un país como el nuestro, tan dado al uso de la hipérbole, el carácter de un estéril debate que, reducido a su mínima expresión, se convierte en uno de índole semántico. Porque lo que importa, en última instancia, no es si lo llamamos "descubrimiento" o "encuentro" o lo que sea, sino el significado histórico que tuvo para la humanidad aquel venturoso viaje realizado por Cristóbal Colón y que culminó, el 12 de octubre de 1492, con el triunfo de la ciencia sobre la superstición, de la voluntad y el valor contra la flaqueza y la cobardía de los mefistofélicos espíritus que siempre niegan.

Por esos motivos es muy pertinente en estos momentos, remitirnos a lo que tuvo que decir nuestro gran Eugenio María de Hostos acerca del Cuarto Centenario del Descubrimiento, cuando escribió reflexiones sobre éste, justamente un 12 de octubre de 1892, mientras se encontraba a la sazón en Chile. Es imperativo indicar, de entrada, que Hostos fue un gran estudioso de la vida de Cristóbal Colón a quien admiraba profundamente y que sus reflexiones acerca del significado del Cuarto Centenario están, en gran medida estrechamente vinculadas a la percepción que él tenía sobre la obra magna del Gran Almirante. Hay todo un volumen de las *Obras Completas* de Hostos titulado *La Cuna de América* donde aparecen recogidas estas páginas, si bien puede decirse que el hondo significado del 12 de octubre es un hilo que podemos seguir en múltiples aspectos de su obra.

Quisiéramos comenzar, sin embargo, con una carta que Hostos le escribe a Doña Belinda Otilia de Ayala, antes del matrimonio de ambos, con fecha 6 de julio de 1877. En ella, Hostos se refiere al libro de James Fenimore Cooper sobre Colón y le dice a Doña Inda que se sirva notar:

> "especialmente, la idea exacta y realmente luminosa, que yo creía exclusiva de cierto pensador oscuro (refiriéndose a él mismo), y que consiste en considerar el descubrimiento del Nuevo Mundo como un triunfo de la verdad científica sobre el error dogmático".

He ahí la clave del asunto: el triunfo de la verdad científica sobre el error dogmático, es lo que confiere al Descubrimiento de América su carácter trascendental e imperecedero.

Hostos, firme creyente en la educación científica y el racionalismo, ve en la apertura del Nuevo Mundo el inicio de una nueva era ante la cual todo lo anterior, todo lo inédito, es ya sujeto y objeto del saber humano. El mundo ya no podrá ser nunca el mismo a partir del 12 de octubre de 1492. Desde luego, que, como todo proceso histórico, este advenimiento, este parto, fue uno que, como todo alumbramiento, trajo la criatura luego de un doloroso proceso pero que fue al propio tiempo, creador de una nueva vida. Ya nos lo dice en sus escritos sobre el tema:

> "Hoy hace cuatrocientos años que sonó. Mas no sonó como obra de alegría. América, como el hombre, nació entre vagidos de dolor".

Lo cierto es que nuestro gran sociólogo mayagüezano concibe a Cristóbal Colón como el abanderado, como el realizador de los principios de la revolución científica esbozada teóricamente por Copérnico y Galileo. Por momentos, al leerlo, nos parece recordar a Hegel cuando nos habla acerca de los individuos "universal-históricos", es decir, de aquellas personalidades significativas que han contribuido, mediante sus esfuerzos, a servir como fuerzas motrices de las grandes transformaciones sociales. Es bueno añadir, no porque mediante la simple fortaleza de su genio hayan logrado doblegar los obstáculos de una tradición pasada, sino porque han arribado a la escena histórica en el momento coyuntural donde confluyen las posibilidades de realizar, allí y entonces, lo que antes hubiese parecido un proyecto puramente utópico.

Pero no es de Cristóbal Colón que deseamos hablar en estas breves páginas. Quede eso para otra ocasión. Nos preocupa, más bien, la manera como Hostos percibió el cuarto centenario del descubrimiento de América, si bien el espacio de que disponemos no nos permite explayarnos sobre el tema. Ya hemos apuntado en esa dirección. Se trata, como hemos visto, de la gran gesta que significó, para el género humano, este suceso sin par.

Son tantos y tan múltiples los temas que Hostos aborda en sus disquisiciones que ello requeriría un tratamiento mucho más detallado y extenso. Bástenos con abordar, aparte de lo antes dicho, lo que él profetiza con sorprendente clarividencia, y es hoy una realidad indiscutible: que la gesta épica marcada por las carabelas de Colón tendría unas profundas implicaciones para el desarrollo de la literatura, no sólo iberoamericana, sino universal. Hoy, cuando son, precisamente, los escritores iberoamericanos quienes, con mayor fuerza y profundidad, transforman y fecundan, mediante su creatividad, la gramática de Nebrija, aparecen como muy pertinentes y atinadas las siguientes observaciones de Hostos, escritas en 1892:

"Pero un día será cierto en la Historia de la Literatura Universal, que el Descubrimiento, la Independencia, la vida compendiada de toda la humanidad en América y el ideal americano de una civilización universal son elementos épicos tan superiores a todos los utilizados por los poetas épicos de Europa y Asia, como es más humana, más extensa, más completa la vida del Nuevo Continente".

Lo que vale tanto como decir que el 12 de octubre de 1492 se crearon las condiciones para una nueva literatura épica que nada tiene que envidiar hoy a Homero ni a Horacio, y que se pasea, por derecho propio, ante el mundo como testimonio viviente de aquel grandioso y doloroso parto que nos ha brindado fecundos frutos junto con su cuota de monstruosidades.

Si la historia fuese escrita en tonos exclusivamente de blanco y negro, si fuese posible adjudicar, con absoluta precisión y exactitud, que la bondad y la maldad quedaron nítidamente delineadas entre los perversos y los inocentes al iniciarse el descubrimiento del Nuevo Mundo, entonces los jueces implacables que quieren arrimar las brasas a sus sardinas ideológicas en un fútil intento por convertir los procesos históricos en una moderna versión del maniqueísmo, pueden servirse a sus anchas estableciendo discusiones bizantinas sobre cuál de los colonialismos fue peor, o cuál de las esclavitudes fue más benigna, o cuál de los racismos fue menos racista.

Pero en última instancia, lo que importa es que este nuevo mundo, este mundo nuevo, marcó una piedra miliar en la historia de la civilización, y que la historia se ha encargado de darle la razón a Hostos cuando celebró, jubilosamente, el cuarto centenario de aquella gran gesta histórica.

Celebramos entonces, el Quinto Centenario del Descubrimiento, no del Nuevo Mundo que, después de todo, no fue descubierto en esa fecha, hace 500 años, sino antes bien lo que es aún más significativo: que allí comienza el descubrimiento y redescubrimiento de nosotros mismos como pueblo, como nacionalidad, como pueblos iberoamericanos. De eso se trata.

Contra el maniqueísmo histórico

Cuando, el 12 de octubre de 1892, el lúcido espíritu inquisitivo de Eugenio María de Hostos escribía, en Chile, sus reflexiones en torno a la celebración del Cuarto Centenario del Descubrimiento de América, o, si se quiere, del Encuentro de Dos Mundos, lo hacía desde el punto de vista de una persona que había dedicado la mayor parte de su vida a luchar contra el colonialismo español y por la independencia de Cuba y Puerto Rico entre los últimos estertores de agonía de aquel imperio decadente y agonizante. Pero, es imperativo destacar que sus diferencias con España no iban dirigidas contra el pueblo español como tal, sino contra la cúpula gobernante de un estado que habría de legar a nuestros pueblos una herencia colonial cuyas hondas raíces han perdurado como un lastre pernicioso en la cultura política de aquello que Martí llamó "Nuestra América". Vale decir, que este gran pensador latinoamericano del siglo XIX no sucumbió a la tentación, tan común aparentemente en los momentos en que nos aproximamos a los 500 años de aquel gran acontecimiento histórico, de convertir su severo enjuiciamiento de la conquista y la colonización española en una condena absoluta de la civilización española como tal. En otras palabras, que Hostos –como tampoco Martí– caerían en las redes de un maniqueísmo histórico, donde, conforme a la ya famosa herejía de Maneo o Maniqueo, sólo hay dos principios creadores: uno para el bien y otro para el mal.

Siguiendo en esa misma trayectoria, queremos dejar sentado el principio de que, al evaluar el significado histórico del Descubrimiento, debemos cuidarnos mucho de no convertir el escenario de la historia en una lucha del bien contra el mal, de los perversos contra los inocentes, de los salvajes –"buenos" o "malos"– contra los civilizados portadores del fuego prometeico, de los blancos contra los negros o, si se quiere, de lo blanco y lo negro. Decía Hegel que la filosofía pintaba su gris en gris –conforme a la famosa advertencia sobre el carácter grisáceo de toda teoría que Mefistófeles le hace a Fausto. Es decir, que lo que debe distinguir el verdadero historiador que se precie de serlo es su apreciación de los matices, de la complejidad, de la problematicidad, de toda realidad social e histórica. De esa manera, el estudio de la historia deja de ser lineal y unidimensional para tornarse en contradictorio, es decir, dialéctico.

Para adentrarnos en el estudio de aquel extraordinario evento que cambiaría de manera permanente la faz del género humano, no podríamos hacerlo sin antes ubicarlo en un contexto mucho más amplio, mucho más abarcador de la historia universal. Es como si nos propusiésemos iniciar un proceso de investigación histórica que vaya ampliándose sucesivamente, a manera de círculos concéntricos que van ampliando, en cada uno de sus anillos, todo cuanto el conocimiento científico ha contribuido hacia la dilucidación del devenir histórico humano.

Para lograr, al menos, una aproximación ante una meta tan ambiciosa, sería imprescindible analizar tanto la historia como la prehistoria de las tres corrientes culturales principales que contribuyen a configurar esa nueva realidad histórica que se desenvolverá ante nuestros ojos desde aquel momento hasta el presente. Cometería un pecado capital de lesa historia quien pensase que la historia de América no está estrechamente y simbióticamente ligada a la de España y a la del continente africano desde los inicios mismos de la conquista y colonización que se inicia como consecuencia directa del Descubrimiento. Iberoamérica deja de ser, entonces, un simple recurso para unir a Iberia con América y Africa, desde el punto de vista de la conjunción de dos términos, sino que se entiende que, a partir de ese momento, ninguno de los tres polos que hemos mencionado volverá a ser el mismo. Una vez puesto en marcha: ni la península Ibérica, ni la América precolombina, ni tampoco el continente africano, quedarían inmunes ante las fuerzas que se desencadenaron en el proceso. Es decir, que si bien es cierto que, como muy bien señaló Hostos en su día, la civilización americana no es la simple suma aritmética de las partes, sino una realidad que hoy podríamos llamar cualitativamente distinta a lo que existía anteriormente, no es menos cierto que las propias sociedades cuyas poblaciones fueron transplantadas a América –fuese como dominadores o como dominados, como trabajadores libres o como esclavos– ya no podrían sustraerse al carácter multidireccional y multidimensional de los mismos procesos sobre los cuales unos presidieron y otros padecieron. La historia subsiguiente de América, fruto de múltiples migraciones de chinos, hindúes, malayos, así como de europeos y norteamericanos, le confiere a su vez la especificidad a una configuración de factores que desafían las clasificaciones tajantes y las simplificaciones burdas de quienes no han acertado aún a comprender que la historia humana que se iniciaría a partir del 12 de octubre de 1992 no podría entenderse sin la captación de las continuidades y discontinuidades que marcó en su día, con extrema fragilidad, el 12 de octubre de 1492.

Se ha puesto en boga en mi país –y creo que en muchos otros países también– la tendencia entre algunos historiadores jóvenes –aunque algunos no lo sean tanto– de simplificar la historia de América para convertirla en un proceso inquisitorial contra España, por lo que, sin duda, fueron los terribles excesos cometidos por los conquistadores contra las poblaciones aborígenes que poblaban el continente. Otro tanto podemos decir acerca de la crueldad practicada por los esclavistas contra los africanos transvasados por la fuerza a nuestras playas. Pero lo que habría que entender, de una vez por todas, es que la España de los inicios de la colonización era una sociedad muy compleja y que no todos los españoles que vinieron a estas nuevas tierras fueron sanguinarios, avaros, crueles, ignorantes, etc. Desde luego, que hubo de todo eso, y mucho más. Pero no hay que olvidar tampoco que tuvimos una España musulmana, que el pensamiento anti-colonialista y los orígenes del derecho internacional nacen simultáneamente con el inicio del colonialismo español en América en las grandes figuras del padre Francisco de Vitoria, de fray Antón de Montesinos y fray Bartolomé de las Casas. Como tampoco debemos olvidar que la gramática de Nebrija dejó plantada firmemente en nuestras tierras una lengua que es hoy una de las grandes lenguas universales. No puede condenarse a todo un pueblo por los horrores cometidos, muchas veces en su nombre, por gobernantes despóticos y abusivos. La perversidad, como entendió perfectamente nuestro gran maestro Hostos hace cien años, no estaba en el pueblo español, sino en el sistema colonial impuesto por sus dirigentes a nuestros pueblos.

El maniqueísmo histórico, al no matizar sus conclusiones, termina distorsionando y vulgarizando lo que constituye un cuadro mucho más rico, mucho más complejo, que el que nos ofrece un mundo donde los únicos tonos son el blanco y el negro, y los únicos protagonistas los buenos por un lado y los malos por el otro.

De leyendas nada: ni negras ni rosadas

Cuando Gabriel García Márquez, en el discurso de aceptación del Premio Nobel de Literatura quiso definir la naturaleza de su vocación y de su oficio, habló acerca de "los inventores de fábulas que todo lo creemos". La leyenda, contentiva de una mezcla, difícil de definir a veces, entre la narrativa que caracteriza el quehacer historiográfico y el reino de los inventores de fábulas, ha pesado como una rueda de molino sobre la historia de América. Desde luego que la imaginación y la intuición tiene lugar en el campo de la historia y de las ciencias sociales pero, el mito, la invención de fábulas, es algo que pertenece al reino de la literatura y la poesía. Conste, que no lo decimos peyorativamente ni a manera de reproche, sino como un hecho objetivo, real. La fabulación y la invención, en suma, la imaginación, pueden servir a manera de fuerzas avizoradas, de súbitas instituciones que, en determinados momentos, sirven como pábulo para el advenimiento de grandes descubrimientos científicos. La leyenda, como género de expresión literaria, toma prestado de ambos elementos: del carácter narrativo del quehacer historiográfico tanto como de la fabulación propia del quehacer literario.

Siguiendo en esa misma línea de pensamiento, lo que se conoce como la "leyenda negra" de España no requiere mayores comentarios sino aquellos que buscan esclarecer el verdadero alcance de semejante calificativo. ¿Será leyenda "negra" o leyenda "blanca"? Dependerá con el cristal con que se le mire. Pero lo cierto es que en esa "leyenda negra" –mal llamada, por cuanto el término "negro", en este contexto cobra un significado peyorativo y peligrosamente racista– no ha sido otra cosa, en la mayoría de los casos, sino una ideología utilizada hábilmente por quienes pretenden reclamar para su propio proceso de conquista –hecho tan a sangre y fuego como la de los españoles– una presunta benignidad mayor del proceso colonizador anglosajón cuando se le contrasta con el español. No hay conquistas ni colonizaciones, ni racismos, ni esclavitudes en donde podamos distinguir entre las benignas y las malignas. Todas forman parte del proceso de dominación mediante el cual las sociedades poseedoras de un mayor desarrollo de sus fuerzas productivas materiales y, por consiguiente, de una tecnología, sobre todo de carácter bélico, que les daba la ventaja sobre los pueblos subyugados tuvo como secuela lo que culminó en el sometimiento, por la fuerza, de civilizaciones y culturas que habían permanecido al margen, hasta esos momentos, del contacto con otras civilizaciones para ellos totalmente desconocidas.

La "hecatombe demográfica" –el término es de Celso Furtado– que ocurrió en América Latina como resultante de la conquista y colonización del Nuevo Mundo fue, sin lugar a dudas, un hecho histórico cuyas consecuencias para el futuro de la región durante los quinientos años transcurridos desde entonces sólo pueden calificarse como fenomenales. Pero esa herencia colonial de América Latina –analizada con tanto acierto por los profesores Stanley y Barbara Stein en un libro con ese mismo título– no puede catalogarse como un hecho que obedezca al propósito deliberado del imperio español de exterminar la población aborigen con saña genocida –aunque no puede negarse que el fanatismo religioso, el racismo y el autoritarismo inclinaron la balanza en esa dirección– sino que, como señalan los autores antes mencionados "el supremo legado social del colonialismo fue la degradación de la fuerza de trabajo india y negra, en todo lugar de América Latina. El que miembros de los grupos mezclados ocasionalmente fueran incorporados al grupo dominante durante el periodo colonial o se distinguieran en la lucha por la independencia no es un argumento persuasivo de la integración racial en las sociedades colonial y poscolonial". Es ese legado de la herencia colonial de la América Latina lo que debe servir como punto de partida para toda reflexión seria sobre el tema, más bien que la adjudicación histórica de quienes fueron más crueles y sanguinarios en el proceso de conquista: si los colonizadores del norte o los del sur. El pesado fardo de nuestra herencia colonial ha continuado hasta nuestros días, aun después de realizada la independencia en todos los países de América Latina con la excepción de mi país, Puerto Rico. Como dijera muy bien Martí en *Nuestra América*, "la colonia continuó viviendo bajo la república" y es contra esa herencia funesta, contra ese sistema degradante, que deben dirigirse los juicios severos de la historia.

Convertir en rosada la llamada "leyenda negra", en un vano esfuerzo por redimir a España no es, por cierto, lo que válidamente pueden hacer los historiadores y los científicos sociales que buscamos extraer del devenir histórico las profundas lecciones que nos permitirán, concebiblemente, abstenernos de cometer los antiguos errores en el futuro. Pero tampoco es lícito que nos vayamos al extremo opuesto para denigrar y denostar todo cuanto hubo de válido y de positivo en la herencia cultural que nos legó España. Al tratar de deshacer el entuerto histórico de una España "civilizadora" frente a un continente "ignaro y bárbaro", no debemos caer en la opuesta tendencia de idealizar, y glorificar, el pasado precolombino y africano, sino aproximarnos a ambos con el mismo espíritu crítico que lo hacemos en el enjuiciamiento de nuestro pasado ibérico.

La celebración de los 500 años transcurridos desde el 12 de octubre de 1492 ha suscitado, al menos en mi país, el florecer de una súbita eclosión de indigenismo y africanismo, envueltos ambos en el manto de una fuerte retórica hispanófoba. Reacción que entendemos perfectamente cuando lo vemos en el contexto de la hispanofilia que, por muchos años, caracterizó a la élite social e intelectual puertorriqueña. Pero que no podemos aceptar cuando se falsean los hechos históricos para amolar las hachas ideológicas de algunos sectores que quieren unirse al coro de los que ven la historia a través de la óptica de la lucha entre la inocencia y el pecado, entre los virtuosos y los viciosos, entre los bondadosos y los perversos. Si fuese así de fácil, si la historia se diese tan nítidamente en esas categorías donde no hay lugar para los matices, no estaríamos en verdad discutiendo este asunto como lo hacemos hoy, sino que podríamos cómodamente remitirnos a la época en que la filosofía era *ancilla theologicae* y la verdad revelada tomaba precedencia sobre la verdad científica. Pero, si ese fuese el caso, de nada nos serviría el pensamiento crítico y podemos cerrar los libros hasta esperar el dictamen de los vaticanos políticos. De eso se trata y no de ninguna otra cosa.

Visión y revisión de la historia de América: la situación de Puerto Rico

"Del arado nació la América del Norte y del perro de presa la América Española", escribe José Martí en *Nuestra América*. Dictamen que, como toda gran generalización, expresa una gran verdad. Pero, que lo es, sólo parcialmente. Porque, cuando intentamos aproximarnos a la historia de América, notamos que no podemos reducir, sin riesgo de simplificación inadmisible, el decurso del devenir histórico a la acción del arado y del perro de presa. Sabemos todos, claro está, que luego Martí refina su argumentación exponiendo, en toda su complejidad y profundidad, los procesos históricos de la ecuación americana, así como que nos brinda, mediante su genial intuición y su palabra desbrozadora de nuevos caminos, el análisis certero y previsor de una realidad que escapó a muchos de sus contemporáneos. Lo mismo podemos decir, y así lo hemos intentado demostrar en los inicios de este trabajo, con Eugenio María de Hostos.

Pero lo cierto es que no hay atrechos fáciles ni fórmulas mágicas que nos permitan examinar y reexaminar la historia de América, sobre todo si partimos de la base que no habrá nunca una interpretación definitiva y final de nuestro proceso histórico. Toda vez que cada generación deberá imponerse la tarea de realizar una visión y revisión de todo cuanto, hasta el momento que le tocó vivir, se han pasado por verdades casi inapelables.

Las continuidades y discontinuidades, las similitudes y diferencias, los avances y retrocesos que signan los procesos históricos tanto de Puerto Rico –país que ha tenido una evolución económica, social y política muy distinta pero también muy similar a la de otros países de América– reclama, de nuestra parte, un ejercicio de las facultades del pensamiento crítico que sean capaces de discriminar, de hilar fino, de estar atentos a las especificidades de las respectivas circunstancias histórico-sociales de cada uno de nuestros países, todo ello sin perder de vista la totalidad que confiere el sentido y la coherencia a cada una de sus partes.

El verdadero significado del 12 de octubre de 1492 o, en el caso de Puerto Rico, del 19 de noviembre de 1493, quedan aún por verse. Karl Marx nos enseñó que la historia era la ciencia madre de todas las demás ciencias y no debemos perder de vista la profunda verdad que encierran sus palabras. Fechas como las mencionadas son sólo eso: fechas. No obstante, las implicaciones de los procesos históricos que se sucedieron a partir de aquel momento lograron cambiar, aun cuando esa no fuese la intención original de los protagonistas, de manera permanente e irreversible la historia humana.

El camino recorrido por la isla de Puerto Rico desde el 19 de noviembre de 1493 hasta el presente ha sido uno marcado indeleblemente por la presencia en nuestro suelo de dos colonialismos: el español y el norteamericano. Del primero podemos decir que, casi desde los inicios de su dominación sobre las tierras de América llevaba dentro de sí el germen de su propio ocaso y decadencia. El imperio estadounidense que se hallaba en apogeo cuando se inicia la conquista de Puerto Rico el 25 de julio de 1898, muestra hoy las señales de que, aunque aún extremadamente poderoso, no puede dictar, como lo hacía en otros tiempos, los términos que habrán de regir el derrotero de los pueblos del Caribe y de la América Ibérica.

Puerto Rico provee, desde ese punto de vista, una experiencia singularmente importante en el contexto de la experiencia histórica de los pueblos iberoamericanos. Porque, al propio tiempo que hemos tenido la vivencia –única en el ámbito de nuestros pueblos– de ser colonizados por dos imperios en coyunturas históricas muy diferentes y bajo circunstancias muy distintas, no empece ello ha generado, al propio tiempo, un proceso de resistencia nacional que ha dado testimonio fehaciente de que, a pesar de nuestras múltiples vicisitudes, el pueblo puertorriqueño es parte integral de la utopía bolivariana, hostosiana y martiana y que forma por lo tanto parte, por derecho propio, de aquello que Martí llamó "Nuestra América". En otras palabras, que Puerto Rico ha tenido la experiencia histórica de dos conquistas y de dos procesos de colonización bajo el signo de imperios muy distintos, sobre todo y desde luego desde el punto de vista lingüístico.

Demás está decir que la conquista y colonización –o sería mejor decir, la neocolonización norteamericana de la Ibero América, no se circunscribe a Puerto Rico, sino que se trata de un proceso mucho más abarcador que –con excepción de Cuba y Nicaragua– arropa prácticamente a todo el continente. Puerto Rico es un caso quizás extremo, pero sólo un caso, donde presenciamos la manera como instituciones tales como el Fondo Monetario Internacional o las transnacionales de las comunicaciones convierten a pueblos mucho más grandes y poderosos que nuestra isla –como Argentina o Brasil, para dar sólo dos ejemplos– en dóciles o quizás un tanto rebeldes recipendiarios de decisiones sobre las cuales ni ellos, ni nosotros, presidimos.

Vale decir que, quizás por los avatares de los procesos históricos mismos, a Puerto Rico le ha tocado ser el escenario para la convergencia, en nuestro territorio nacional, de los inicios de un proceso de conquista y colonización que habría de reiniciarse el 25 de julio de 1898, exactamente 405 años después de que un 19 de noviembre de 1493, cuando comenzó la conquista y colonización de lo que los taínos llamaban Borikén. Y ese proceso de colonización y conquista de Ibero América no concluye con la clarinada de la batalla de Ayacucho de 1824, sino que se reinicia, poco tiempo después, mediante la enunciación de la Doctrina Monroe.

Puerto Rico es, de muchas maneras, una ficha dentro de ese juego que se iniciará, ya formalmente y sin ambages en 1898.

Existen, como muy bien captaron Hostos y Martí en su época, conquistas y colonizaciones que son tanto de orden material como espiritual. Considero por ello importante destacar lo que ha significado para toda la América Ibérica el descubrimiento, conquista y colonización de Puerto Rico que se inicia a fines del siglo pasado y las lecciones históricas que este suceso encierra para quienes estudiamos el significado del Quinto Centenario de otro descubrimiento, conquista y colonización que se produjo hace poco menos de quinientos años. Porque la historia contemporánea marcha a pasos agigantados y lo que otrora puede haber tomado medio milenio hoy puede, quizás, recorrerse en un sólo siglo.

Así, de igual manera que nuestros antepasados aborígenes y los africanos fueron descubiertos y a su vez descubrieron a los conquistadores y colonizadores ibéricos, también los pueblos caribeños e iberoamericanos estamos siendo descubiertos y a nuestra vez estamos descubriendo a los conquistadores y colonizadores norteamericanos. Puerto Rico ha sido el bastión principal de ese proceso, para bien o para mal. Pero, en todo caso, se trata de una sociedad cuyas experiencias históricas merecen estudiarse, tanto desde el punto de vista de la conquista y colonización norteamericana, como del proceso de resistencia anti-colonialista que ha sido el tapiz por el revés de ese proceso.

LA UNIVERSIDAD LATINOAMERICANA AL ENCUENTRO DEL FUTURO

Blanca París de Oddone
Uruguay

Cabe preguntarse por qué en el balance general que este simposio se propone acerca del sentido y proyección de 500 años de historia en América Latina, incluimos algunas consideraciones acerca del quehacer de sus universidades.

Nuestra respuesta es bien simple: entendemos que muchas de esas universidades no constituyen hoy meras instituciones académicas, sino que se conciben y tratan de ser instituciones con proyección social activa y creadora, orientadas a "despertar el espíritu de iniciativa, el análisis crítico y la autonomía intelectual", como lo prescribe la Carta de las Universidades de América Latina aprobada en Santiago de Chile en 1953 durante la II Asamblea de la UDUAL.

Siendo esos sus propósitos y dado que existe un empeño común en alcanzarlos, consideramos que puede caber aquí un análisis de la actividad universitaria recortada sobre el desarrollo socioeconómico y cultural de esta dilatada región del mundo que hemos dado en llamar América Latina o "Nuestra América".

Pese a que durante más de cuatro siglos nuestras universidades no se apartaron de sus modelos europeos, su historia, sin embargo, es parte del desarrollo cultural del Continente. Esa historia refleja en cierto modo las transformaciones que se operan en las sociedades de las que ellas forman parte, así como también sus proyectos de hoy apuntan a incidir sobre la actual realidad latinoamericana.

Desde fines del siglo pasado e inicios del presente, comienzan a manifestarse en América Latina propuestas universitarias innovadoras al definir sus fines sociales específicos. Sin ignorar las estructuras organizativas, las corrientes de ideas vigentes y el desarrollo científico universal, nuestras universidades buscan desentrañar la problemática de su propio entorno para integrarla a una cultura propia.

Si bien la Universidad fue tradicionalmente definida como centro generador de privilegio social, por tener a su cargo la función elitista de formar profesionales, no se puede por ello subestimarla ya que, paralelamente contribuyó muchas veces a la elaboración crítica del conocimiento y es bajo este aspecto, y a la vez como testigo social, que entendemos puede ser considerada en este balance.

Tampoco se pretende sobrestimarla al señalar que su cometido puede ser trascendente en el futuro si –como lo establece la mencionada Carta de la UDUAL– "inspira su labor en las realidades de su núcleo nacional, en el conocimiento de los problemas latinoamericanos y universales a fin de estimular el sentido de integración en la humanidad" y procura, a la vez, afianzar "los principios de independencia política y liberación económica de las naciones latinoamericanas".

En sus orígenes las universidades americanas fueron creadas a imagen y semejanza de los apenas remozados patrones medievales de Salamanca y Alcalá. Su trasplante tuvo lugar casi en los umbrales de la organización colonial. Apenas sesenta años habían transcurrido desde el encuentro de Colón con el Mar Caribe y sus islas, cuando por reales órdenes dadas en 1551 se fundaron la Real y Pontificia Universidad de México, en Nueva España, y la Universidad de San Marcos, confiada a la orden de los dominicos de Lima. La fundación casi simultánea de ambas casas de estudios superiores en las dos capitales virreinales estimuló similares reclamos de Obispos y Provinciales, que aparejaron la creación de un conjunto de nuevas instituciones universitarias a lo largo de los siglos *XVI, XVII* y *XVIII* (San Fulgencio en Quito, 1586; la jesuítica de San Gregorio Magno, también en Quito en 1622; la Real Pontificia de San Carlos de Guatemala (1676-1686); la Real de San Felipe en Chile, 1738; la Real y Pontificia de San Javier en Panamá, 1749; Chuquisaca en el Alto Perú, 1624; Santo Tomás de Aquino en Córdoba, corazón del Virreinato del Río de la Plata).

Pero la acción de tales universidades tuvo escasa incidencia sobre el desarrollo de la sociedad dual que venía configurándose en las ciudades indianas. Participaron sí, junto a conventos e Iglesias en la pugna que sostuvieron las distintas órdenes religiosas –dominicos, jesuitas, franciscanos, agustinos, mercedarios– por imponer su influencia. En ellas se impartía jurisprudencia y sagrada teología, y recibía formación una parte de los cuadros burocráticos destinados a la Iglesia y al Estado; la mayor parte de esos cuadros seguirían proveniendo de las metrópolis, pero los hijos criollos de encomenderos –mineros y plantadores– y vecinos de las ciudades, se prepararán también en América para lograr las prestigiosas borlas doctorales.

Curricula y orientación de las enseñanzas sufrirán pocas variantes a lo largo de centurias. No fue sino hasta mediados del siglo XVIII, en los tiempos reformistas de Carlos III, cuando comenzó a circular un cierto aire renovador que sacudió la pacata vida colonial. La sociedad americana se volvía más abierta, y empezaba a modificar sus pautas de riqueza ya no sólo basadas en la explotación minera sino también en el desarrollo de la agricultura y el comercio. El impacto mercantilista impulsa el desarrollo de las ciudades y se hace evidente el predominio de los nuevos intereses de los emergentes grupos burgueses criollos. Entre tanto se abren camino las ideas de la Ilustración que favorecían una cierta apertura, al proponer ampliar el número y condición de las minorías selectas. Por ello las universidades se multiplican así como también aumenta su población. Las apetencias culturales se expanden mediante el avance de las ciencias físico-naturales, que se infiltran ya en los claustros. Las burguesías criollas se afirman y con la revolución que irrumpe a partir de 1810 se instalarán en el poder.

Se perfila entonces la que dará en llamarse "Universidad Republicana", cuyo modelo educativo se inspirará en los principios filosóficos de la Ilustración. Rotos los moldes coloniales, el nuevo patrón universitario también procede de ultramar: la Universidad Napoleónica –una universidad estatal y no eclesial– se irá imponiendo paulatinamente en América Latina. Esta universidad, cuyo crecimiento será paralelo al de las nuevas naciones configuradas en los viejos virreinatos y gobernaciones, pronto adoptará un sello marcadamente profesionalista sin renunciar a la formación de los cuadros burocráticos.

Pero es recién a partir de la segunda década de nuestro siglo cuando comienza a definirse un modelo propio de universidad. El movimiento de Córdoba, que comenzó como un mero accidente local, luego del Manifiesto de 1918 alcanzó rápidamente dimensión continental. Darcy Ribeiro lo calificó como "la principal fuerza renovadora de nuestras universidades". El Manifiesto no se agota en la demanda de algunos objetivos concretos –autonomía cogobierno estudiantil, exigencia de un "reformismo perpetuo" como fuerza galvanizadora de la vida universitaria– sino que es además, como lo señaló Carlos Tunnermann, "gesto de rebelión contra los últimos resabios coloniales enquistados en nuestras universidades".

A partir de los años 20 la juventud universitaria latinoamericana manifiesta una definida apertura hacia los problemas sociales, buscando afirmar con ello la identidad nacional y latinoamericana. Y aquí precisamente radica su originalidad y su caracterización propia.

Antes y después del 18, una serie de encuentros y congresos, estudiantiles como el de Montevideo de 1908, La Habana (1930), Montevideo (1931), San Salvador (1948), fue madurando el proyecto de interrelacionar institucionalmente las Universidades del Continente. Culminando ese movimiento se reunió el Primer Congreso Latinoamericano de Universidades en Guatemala en septiembre de 1949. En él participaron 112 delegados representando a 34 universidades de 13 países.

Más allá de los temas vinculados a la autonomía, organización académica, coordinación educativa, acción social y extensión cultural se puso énfasis durante el Congreso en las relaciones de las Universidades Latinoamericanas entre sí y en el pronunciamiento común de oposición sistemática a toda forma de coloniaje en América. Avanzando aún más, se reclamó a los gobiernos latinoamericanos que confiaran a sus universidades "la planificación y dirección técnica" de actividades públicas conjuntas, a la vez que la coordinación entre los diversos institutos superiores de investigación. Finalmente se aprobó en aquel Congreso el establecimiento de una institución permanente, la Unión de Universidades de América Latina, destinada a propender el desarrollo de los programas esbozados, y a la concreción de los ideales de una unidad de la América Latina:

¿Se había logrado –tras el reclamo de Martí– la "Universidad *nuestra*", no la mera imitadora de formas europeas? ¿Se había entrado de lleno en un desarrollo cultural al servicio de la nación, como lo reclamaba Justo Sierra cuando escribía sobre "la mexicanización del saber"? Aún con mucho camino por andar, se habían conquistado algunos tramos decisivos y las universidades habían hecho sus aportes.

Los jóvenes representan hoy el 66 por ciento de la población latinoamericana. Las expectativas demográficas hacen prever, para fines de siglo una cifra cercana a los 600 millones de habitantes en la parte del Continente que en términos de geografía humana se extiende desde México a la Antártida. Es dable también esperar que la mitad de la población total no tendrá entonces más de 15 años (cifra ya alcanzada en algunos países de la región) y que dos tercios de la misma no habrá cumplido los 30 años. Semejantes datos plantean distintos interrogantes. Por lo pronto ¿cuáles serán las repercusiones sociales, económicas y hasta políticas de tales transformaciones? No hace mucho Eduardo Galeano auguraba que esta avalancha de jóvenes podía transformarse en "una bomba de tiempo".

Las universidades, esencialmente centros educadores de la juventud, empiezan ya a acusar un impacto demográfico de imprevisibles consecuencias.

Como correlato de este acelerado crecimiento, en el último cuarto de siglo América Latina ha visto multiplicarse el número de universidades, tanto estatales como privadas. Sólo en el decenio que corre entre 1965 y 1975 se fundaron más de la tercera parte del total de los establecimiento existentes, mientras la proporción entre instituciones públicas y privadas variaba a favor de estas últimas, cuyo acrecentamiento alcanza un 40 por ciento. Ese cambio cuantitativo y cualitativo no supone sin embargo alteraciones sustanciales de algunas de las características decimonónicas de la estructura universitaria: se mantiene la clásica orientación dominada por el incentivo de las carreras profesionales en desmedro de la investigación y la extensión que figuran como proyectos a desarrollar sólo en los programas más renovadores. Es significativo también que en las universidades más tradicionales se siga registrando la mayor concentración de alumnos en derecho, administración y contabilidad, no habiéndose acrecentado proporcionalmente la matrícula en los estudios agropecuarios ni tecnológicos, pese a la importancia de estos sectores en las economás latinoamericanas.

Prolifera el surgimiento de las universidades pequeñas (de 3 a 4,000 estudiantes), mientras otras alcanzan un gigantismo excepcional en las capitales –casos de la Nacional Autónoma de México o de la de Buenos Aires– hacia donde tiende a acentuarse el proceso de concentración demográfica. Correlativamente la propia extensión de la matrícula, más que triplicada en los últimos 30 años no se ha resentido con el acrecentamiento del número de institutos politécnicos que en numerosos casos revisten características de verdaderas universidades tecnológicas (caso de Chapingo en México).

Dado este panorama, no se advierten cambios sustanciales en cuanto a la procedencia social del estudiantado y de los docentes universitarios; una muy alta proporción sigue perteneciendo a las capas medias. Si hay variaciones, como en el caso de Lima, son precisamente en ese sentido; el estudiantado de San Marcos desde hace más de tres décadas ha dejado de estar integrado solamente por los hijos de la oligarquía blanca: mestizos e indígenas han logrado superar la marginación matriculándose en esa casa de estudios.

Otro rasgo común a casi toda América Latina es la tendencia de los egresados a ubicarse en el sector terciario burocrático, mientras la desocupación en aumento acrecenta a su vez la tasa de egresados marginados. El inconveniente trata de corregirse con el expediente de generar "carreras cortas" a la vez que se busca satisfacer la demanda de técnicos intermedios.

Por otra parte, la masificación acelerada ha introducido drásticas limitaciones al libre ingreso, aparejando una aplicación creciente del sistema de acceso discriminado. Según datos de UNESCO, en más de las tres cuartas partes de nuestras universidades se aplican "criterios selectivos" similares o al menos con consecuencias semejantes a los aplicados en universidades europeas y norteamericanas: prueba de suficiencia para el ingreso y aumento de la cuota de matrícula. Paralelamente, y aunque resulte contradictorio, en algunas pocas carreras se ensaya el sistema de "universidades abiertas" o "universidades a distancia".

Cada vez con mayor frecuencia se implementan regímenes de reciclaje, impuestos por la velocidad del cambio tecnológico que exige una permanente actualización de conocimientos a los egresados profesionales. Pero el sistema de "educación permanente" se halla aún en una etapa incipiente en Latinoamérica.

Los programas de posgrado se expanden desde fines de la década del 70, con el propósito de elevar la capacitación de los egresados, en parte como respuesta a la masificación de las licenciaturas que conlleva un descenso del nivel formativo en el grado, y a la vez para coordinar más efectivamente docencia e investigación. Asimismo se promueven proyectos interdisciplinarios en los dos planos, grado y posgrado.

Es permanente la denuncia de estructuras obsoletas que hacen de la universidad una simple yuxtaposición de Facultades y Escuelas. La departamentalización coordinadora, el núcleo centralizador que integre tareas de investigación en los Institutos centrales con el fin de evitar una innecesaria y onerosa repetición de laboratorios, gabinetes, institutos, servicios y cátedras, están presentes en casi todos los proyectos de reestructura.

A este conjunto de rasgos comunes a las universidades de América Latina de este siglo cabe agregar otro: el demasiado frecuente cercenamiento de autonomía con relación al Estado, agravada en algunos países sudamericanos con el serio deterioro que aparejó la intervención de los gobiernos dictatoriales en toda la enseñanza. Los países del área atlántica están saliendo trabajosamente –aunque con ricas experiencias de aquella etapa que cubrió dos décadas enteras. Esperamos que muy pronto nos acompañen las universidades chilenas en el mismo camino.

Hemos intentado trazar un breve perfil de las similares situaciones que comparten hoy la mayoría de las universidades latinoamericanas generadas en también similares situaciones de su dinámico entorno. Parece necesario que ellas apunten a reformarse. Está demasiado lejano el tiempo colonial que las modeló para consolidar el orden establecido por la metrópoli, y tampoco encaja la concepción decimonónica, entre burocrática y profesionalista. Corresponde a las universidades actuales afirmarse como centros de investigación procesadores de nuevos conocimientos, formadores de cuadros competentes pero sobre todo críticos.

Con mucha frecuencia el discurso universitario de hoy hace referencia a la crisis de la universidad, y hasta se llega a afirmar que está en vías de desaparecer. Más bien queremos pensar que estamos asistiendo a la clausura de una etapa más, cuyo cierre no es ajeno a la transmutación del mundo actual. En todos los claustros universitarios se proclama la insatisfacción y se habla de reorganización, transformación, construcción, en fin de una "universidad nueva". Ha llegado quizá el momento de repetir las palabras del maestro Simón Rodríguez: "O creamos o erramos".

Una acción universitaria conjunta y razonada, basada –como hace poco lo reclamaba el Rector de la Universidad uruguaya Samuel Lichtensztejn– "en el poder del saber, el poder de interpretar, el poder de difundir ideas" que es el único poder que la universidad tiene, requiere instrumentar un funcionamiento diferente.

Parece ser éste el desafío presente, sin duda distinto a otros que afrontaron las universidades latinoamericanas a lo largo de estos 500 años, y ante los cuales la institución ha sabido variar su discurso y sus respuestas, marcadamente desde comienzos de este siglo, cuando asumió una vocación esencialmente "reformista".

ALGUNAS REFLEXIONES 500 AÑOS DESPUÉS

Federico Ehlers
Ecuador

El doce de octubre de todos los años miles de peregrinos rinden tributo a la Reina María Lionza, venerada imagen de quien se llamó originalmente Princesa Yara y fue símbolo de la resistencia aborigen a la conquista española. Había sido necesario que transcurra medio milenio para que desde los barrios latinos de Nueva York, Rubén Blades oficie una nueva liturgia en ritmo de salsa en homenaje a la diosa tropical.

"María Lionza hazme un milagrito
y un ramo de flores te voy a llevar"

En la montaña de Sorte, en Yaracuy, en Venezuela, en un Olimpo caribeño la Reina junto al cacique Guaicaipuro y al negro Felipe forman la trilogía de las Tres Potencias. Más allá, entre humo de tabaco, tambores y ardiente ron, el Libertador Simón Bolívar preside una de las cortes desde un altar al que fue elevado por ese pueblo "que no es el europeo ni el americano del norte, que es más bien un compuesto de Africa y América".

Ese mismo día en la capital venezolana, el *Diario de Caracas* publica en primera plana, una gran fotografía a color de una réplica a tamaño natural de la nao Santa María en estado de abandono y deterioro en el Parque del Este, era según el diario "Un Despojo en el Mar de los Olvidos".

500 años después, la inmóvil y derruida carabela presencia, absorta, no la celebración del primer milenio de su llegada sino los primeros momentos del verdadero descubrimiento de América por sus propios actores y habitantes.

Cuando Leopoldo Zea me invitó a participar en este encuentro, 500 años después del Encuentro de Dos Mundos pensé en lo difícil que sería para mi usar palabras para intentar poner de manifiesto que el viejo *logos* ya no nos representa como cultura y civilización naciente, y más complejo aún, usar un razonamiento en que se denuncie a la razón que pasó de ser liberadora de la conciencia humana a opresora de un Nuevo Mundo que no termina de entenderla. Por estas especiales circunstancias me limitaré a presentar algunas ideas, imágenes y momentos vividos en la práctica del trabajo audiovisual.

El sueño de América Latina

Aquí precisamente, en estas playas se enfrentaron calvinistas y católicos con sus ejércitos de indios que no sabían por qué ni contra qué luchaban. Murieron más de tres mil indios y menos de diez europeos. Darcy Ribeiro señalaba las playas de Copacabana en Río de Janeiro en una mañana triste y fría de septiembre.

Habían tantos libros en el pequeño departamento de la ciudad de México, que hacía difícil instalar la cámara para grabar a Leopoldo Zea anunciando la pronta celebración de los 500 años del encubrimiento de América.

Mientras Guayasamín seguía pintando la ira y la ternura de nuestra era en su Quito de la Mitad del Mundo, a pocas cuadras el cubano Silvio Rodríguez ensayaba enigmas, códigos y mensajes crípticos ante una delirante y joven multitud en el Tercer Festival de la Nueva Canción.

Eva de Bonafini, daba vueltas frente a la Casa Rosada con las locas de pañuelos blancos y juntaba su voz a la de Pérez Esquivel para exigir que no haya perdón ni olvido para los culpables.

Y como todos los días de todos los años desde hace mucho tiempo, mucho antes que el hombre blanco llegue a estas tierras, en los mercados de Tianguistengo, Otavalo, Riobamba, Písac y La Paz, los descendientes de mayas, incas y aztecas seguían reuniéndose en la plaza del mercado. Todas las semanas, la resistencia cultural, entre choclos y olotes, ají y chile.

Era difícil juntar todo para comenzar a descifrar un sueño, más aún si éste había durado casi quinientos años.

Por los caminos de nuestra América

Con terquedad histórica el indio seguía celebrando a sus dioses. En las afueras de Cochabamba la fiesta de la fertilidad, la adoración a la Pacha Mama, creadora de la vida concelebrando ritos con oraciones e imágenes traídas desde España. Diez mil kilómetros al norte, en la cascada sagrada de los otavalos, en las fiestas de

San Juan, centenares de hombres y mujeres se bañan desnudos a media noche en el equinoccio, como niños jugando y purificándose con las aguas que les manda el Taita Imbabura a su laguna de San Pablo.

500 años antes el padre Valverde con el *logos* convertido en palabra divina pretende que Atahualpa acepte un nuevo Dios, único y excluyente, que había sido el creador de todos los otros dioses que se adoraban en el Nuevo Mundo. 500 años después, poco había cambiado en las comunidades indígenas, aparecieron nuevas imágenes pero era difícil entender una religión que "cultivaba la culpa". Había que seguir comunicándose con la Pacha Mama, sólo la tierra, la madre naturaleza con su infinita sabiduría puede entender y responder como lo hace desde los tiempos de los primeros hombres.

En los pueblos jóvenes de Lima los seguidores de Gustavo Gutiérrez, en el frío Chimborazo Leónidas Proaño el obispo de los Indios, en los suburbios de Guayaquil sencillos y buenos hombres como Pepe Gómez comenzaban la construcción de una nueva iglesia, profundamente comprometida con la pobreza material y la gran riqueza cultural de esta Nuestra América.

La cumbia andina o chicha estremece y emociona a los informales limeños, todo se inventa todos los días desde la música hasta la organización vecinal, porque el viejo orden se va derrumbando. En América era necesario "Inventar o Errar", lo había repetido hasta el cansancio Simón Rodríguez y nadie lo escuchaba como no se escuchaba la voz del chileno Bilbao y el cubano Martí.

Nuestras clases dirigentes. Líderes gobernantes y líderes de la oposición. Detentadores del poder y revolucionarios cuestionadores del mismo se enfrentan en el marco de una inmensa cultura de papel carbón, construida a imagen y semejanza de todos los imperialismos culturales.

Como un niño, Nuestra América comienza a descubrirse, a toparse y sentir que tiene un rostro propio que no es el de sus padres. Perpleja se observa las manos, las miles de manos a las que cantó Neruda, manos con las que puede amar, construir y defenderse. Y se agarra las plantas de los pies, como los niños cuando comienzan a entender que existen y piensa que un día podrá caminar sola y hacer su propio camino.

Desde el destierro de Jamaica Bolívar, desde el destierro de Nueva York Martí, invocan a los pueblos para que sean originales y organicen sus gobiernos y sociedades de acuerdo a la realidad y a las necesidades de sus pueblos.

Los nuevos gobernantes y estos pueblos jóvenes herederos de todas las sangres y de todas las culturas, de todas las taras y de todas las virtudes de todos los hombres de la tierra no estaban listos para reconocerse como la raza cósmica de Vasconcelos ni para construir la civilización más bella de la tierra de Darcy Ribeiro, donde la alegría de vivir sea la razón de la existencia.

René Descartes eleva a la razón a los nuevos altares del pensamiento humano. Se exige la comprobación científica del conocimiento acumulado en miles de años. El siglo de las luces pretende iluminar las tinieblas de las culturas que no usaban la razón como único mecanismo de comprobación de la verdad. De esa manera se encubre la inmensa riqueza de las culturas de Africa y América, surge en este continente un nuevo pueblo, con una mezcla de hábitos y costumbres de muchos otros pueblos y se le trata de europeizar, de occidentalizar. Pero todos los ensayos fracasan, en este, el continente de los fracasos. Nada funciona en esta tierra americana. Todas las instituciones, todos los proyectos que quieren ser aplicados porque funcionaban en los mundos donde éstos habían sido concebidos, inexplicablemente no prenden en esta Nuestra América, como no prende la planta cuando ésta es parte de otro clima y de otra tierra.

La vida se departamentaliza desde la estructura de gobierno hasta la vida cotidiana, se pierde la unidad original de cada cultura y al nuevo modelo se lo divide en tiempos y espacios en muchos casos absurdos y contradictorios.

En el choque o encuentro de varias culturas, se enfrentan principalmente dos formas de actuar en el mundo. Una racionalista que viene de Europa y que es la base y el sustento de la civilización occidental y otra llamada mágica por ser difícilmente entendible por la razón. La cultura cartesiana o racionalista se convierte en la cultura oficial despreciando todo otro sistema o forma de entender el mundo. Silenciosamente una resistencia cultural ocupa importantes espacios que no son tomados en cuenta por los detentadores del poder y la oposición. Y es así como se va dibujando poco a poco, lentamente, una nueva cultura sobre la faz de la tierra que comienza a tomar conciencia de sí misma, y a reconocerse al constatar el fracaso de las formas y modelos de la vida impuestos por una razón arrogante y exclusivista.

La cruz llega a América con la palabra, ésta se convierte en el mecanismo de conversión y se desarrolla un culto a la misma por parte de nuestras clases dirigentes intelectuales. La palabra pretende definir la realidad y descifrar el futuro. Es muy difícil por no decirlo imposible expresar con palabras nuestra realidad mágica y latinoamericana. Uno de los hombres que cultivó la palabra con mayor propiedad, el argentino Cortázar tiene la honestidad de enfrentarse a ella: "Hay una paradoja", terrible en que el escritor hombre de palabras, luche contra la palabra". "La verdad es que cada vez voy perdiendo más la confianza en mi mismo y estoy contento, cada día escribo peor desde un punto de vista estético". "Quiero equiparme de nuevo, partiendo de cero". La palabra, el viejo *logos* no nos representa más como cultura y civilización, es necesario, indispensable, desarrollar nuevos mecanismos de comunicación popular.

El mundo entra a una nueva era de comunicación. Señales invisibles conteniendo más información que la acumulada por siglos en los clásicos templos de la galaxia de Gutemberg, rebotan en el espacio para cubrir rápidamente todo el planeta.

Centenares de millones de personas observan la misma imagen y escuchan el mismo sonido, el mismo instante. La Aldea Global de Mcluhan inicia su proceso de homogenización mundial.

Por eso, hoy más que nunca es necesario, indispensable, que "en estas repúblicas dolorosas de América" donde denunció Martí que "ni el libro europeo, ni el libro *yankee* daban la clave al enigma hispanoamericano" encontremos en nuestra personalidad cultural la única oportunidad de enfrentarnos al futuro sin ser absorbidos por la irresistible magia de una nueva era tecnológica incomprendida por muchos.

Nuestro terrible siglo llegó a su fin y para Carlos Fuentes parecería que junto a él llegan a su fin las ideologías que lo marcaron. Sólo el hecho cultural trasciende en esta época marcada por la crisis de las ideas.

Un trovador cubano, Silvio Rodríguez construyendo imágenes culturales con códigos poéticos de Martí y Vallejo nos convoca a construir el sueño "a mano y sin permiso, arando el porvenir con viejos bueyes".

Nos acercamos a la celebración de,

500 años del Descubrimiento de América para el mundo del norte.
500 años de su encubrimiento para Nuestra América.
Los últimos 500 años de miles de años de historia y el inicio de 500 años de opresión para el indio americano.
500 años de evangelización para el Vaticano.
500 años del comienzo en esta tierra de la más infame de todas las instituciones, la de la esclavitud para los hombres y mujeres negros.
Los primeros tristes y dramáticos 500 años de los que será algún día la civilización más bella de la tierra de Darcy Ribeiro.
500 años de fracasos.
500 años de luchas. De victorias y derrotas, más derrotas que victorias.
500 años del nacimiento del Nuevo Género Humano de Simón Bolívar y de la Raza Cósmica de Vasconcelos.
500 años de la más extraordinaria alquimia cultural, juntando todas las sangres y todos los tiempos.
Nos guste o no, 500 años de Historia, que no tendrán sentido ni servirán

para nada si no se convierten en el primer año de una nueva Historia en la que Nuestra América comience al fin a ser una realidad.

Es necesario reconocernos para poder reunirnos. Las dos grandes utopías de nuestro tiempo, son la clave del futuro. Identidad y Unidad. Aceptar nuestra identidad es el único e inevitable camino para lograr la unidad.

Seamos el pueblo de Bolívar y Martí. De Bilbao y de Sandino.

Un pueblo hermano y respetuoso de los pueblos indios de raíces milenarias.

Un pueblo mezcla de Africa y América.

Un pueblo mestizo, y un pueblo multirracial y pluricultural que acepte el derecho de los diversos pueblos que lo forman a escoger democráticamente su futuro y sus modelos de vida.

Un pueblo donde el respeto a la cultura popular y a la dignidad del hombre constituya el marco para iniciar un camino propio al siglo veintiuno.

Un pueblo que desde la "Marginación y la Barbarie" convoque a todos los hombres con la propuesta original y universal de Leopoldo Zea para que la humanidad finalmente acepte que "todos los hombres somos iguales porque somos diferentes".

Seamos ese pueblo o nada seremos.

LOS USOS DE LA HISTORIA
BALANCE QUE SE REFIERE FUNDAMENTALMENTE A LOS ÚLTIMOS AÑOS

Ignacio Sosa
México

Las grandes tendencias de la historiografía contemporánea dedicada en forma particular a Latinoamérica pueden sintetizarse hasta la década de 1960 en los esfuerzos de don Silvio Zavala y don Leopoldo Zea. Pierre Chaunu ha dicho que hasta el año de 1962 en América Latina éstas dos formas de escribir la historia eran las prevalecientes.

Sin embargo, es precisamente en los inicios de la década del 60 cuando surgen nuevas tendencias originadas, por una parte por el propio desarrollo de la historia y las ciencias sociales y, por la otra, por la Revolución Cubana. Por lo que respecta al desarrollo de las ciencias sociales podemos decir que en nuestro contexto aparece el eco de la discusión europea que ya en ese momento había situado a los estudios de historia de la Universidad de Amsterdam en el cruce curricular de las disciplinas científicas y humanísticas rompiendo los compartimentos estancos de las facultades rígidas y altamente especializadas.

La sociología, la antropología, la economía y la ciencia política, entre otras ciencias sociales, exigían un método que permitiese emplear un lenguaje común. Los textos de Jean Piaget son ilustrativos al respecto. En ellos, es bien sabido, se discute la necesidad de establecer procedimientos comunes que permitan el avance de las ciencias sociales siguiendo, en parte, el exitoso camino de las ciencias naturales. No es este el lugar para discutir cuáles son los supuestos teóricos que animaban a los científicos sociales de la época. Simplemente mencionamos una referencia más específica, la de Pierre Vilar, quien en su artículo de 1960 intitulado "Marxismo e historia en el desarrollo de las ciencias humanas", resume como enseñanza del combate por la historia librado por los maestros Lucien Febvre y Marc Bloch lo siguiente:

Combate *contra* las barreras entre disciplinas, *en favor* de una relación orgánica entre historia, economía, geografía, etnología, sociología, por consiguiente en favor de la unidad de la materia y de la reflexión histórica; combate *contra* las barreras entre especialistas, *en favor* de una historia comparada de los lugares y de los tiempos, *sin exceptuar el presente*; combate contra el aislamiento del investigador, *en favor* del trabajo colectivo; combate *contra* la investigación ciega en el caos de los hechos, *en favor* de una investigación conducida por *hipótesis* y por *problemas*.

El décalogo del combate por la historia, sintetizado por Vilar, fue recibido en algunos sectores en forma entusiasta y fue visto como un evangelio que anunciaba una nueva era para las ciencias sociales en las que las barreras feudales de la especilización se abatirían para dar lugar a un campo de estudio en continua expansión.

En nuestro medio la discusión se centró en los términos de la convivencia de la multidisciplina y la interdisciplina. Cabe mencionar, sin embargo, que la discusión se dió de manera informal y que no se realizaron encuentros en los que historiadores, economistas, sociólogos, etc., confrontasen sus ideas y los métodos que aplicaban en cada una de sus disciplinas para posteriormente poder realizar un esfuerzo común en el que los diferentes aportes se sintetizaran. No obstante, el convencimiento de que los científicos sociales, además del conocimiento de su propia disciplina, debían ampliar sus horizontes hacia las ciencias afines fue prácticamente consensual y no requirió demostración alguna.

Quizá el efecto más importante de esta tendencia fue que la historia amplió sus horizontes no ya hacia el pasado, como había ocurrido generalmente, sino hacia el presente, hacia la historia actual. Un importante contingente de economistas, sociólogos, politólogos, etc., se dedicaron a escribir la historia de su presente nacional en el contexto latinoamericano. Expresión conocida es la serie sobre *Chile, hoy*; *Perú, hoy*; *Uruguay, hoy*; *Colombia, hoy*; y *Brasil, hoy*; *Ecuador, hoy*, etc.; aparecidos en la editorial Siglo XXI. Asimismo en la década del 70 se publicaron textos de historia reciente sobre América Latina, tales como, *América Latina: Historia de Medio Siglo o América Latina en los años 30*. También podríamos mencionar los títulos más recientes en nuestra década sobre movimientos campesinos, obreros y populares latinoamericanos contemporáneos.

La Revolución Cubana, por su parte, hizo evidente la exigencia política e ideológica de revisar la historia cubana/latinoamericana del siglo XX. Manuel Moreno Fraginals, por ejemplo publicaba en el año de 1967 un artículo intitulado significativamente como: "La historia como arma". En él analizaba el atraso historiográfico cubano en relación a las necesidades de la sociedad socialista y hacía un diagnóstico de lo que, en su opinión, debería ser transformado. Al explicar la distancia entre la historia que se enseñaba y la que *debería ser* enseñada, decía:

> Quizás la razón de todo esté en que, a nosotros los historiadores, se nos pueden aplicar las palabras del comandante Ernesto Che Guevara al hablar de los intelectuales: *La culpabilidad reside en que no somos auténticamente revolucionarios*. Sin embargo, reconociendo los errores propios y el lastre capitalista que llevamos, hagamos nuestro esfuerzo por apresurar la creación del historiador nuevo.

Cuatro años antes, es decir en 1963, José Antonio Portuondo había publicado en su artículo: "Hacia una nueva historia de Cuba", lo siguiente:

> Una de las necesidades que está planteándonos de modo insoslayable el triunfo de nuestra revolución socialista es la de realizar el estudio del proceso histórico cubano a la luz del marxismo-leninismo.

Portuondo, sólo se limitó a señalar el derrotero, a indicar a los futuros historiadores la necesidad de desarrollar una nueva historiografía.

Este sentimiento de anacronismo, de desfase, no era propio sólo de los historiadores marxistas sino de los que cultivan la disciplina desde otras perspectivas. Menciono aquí a Torcuato S. di Tella, quien desde una posición profesional, geográfica y, reitero, ideológica distinta, decía en el año de 1970:

> Entre nosotros, el hombre informado, cuando oye tiros en la calle, se pregunta si eso es el 48, el 71, o el fascismo o la revolución rusa. Por supuesto casi siempre se equivoca, y tiene que esperar 20 años para abatirse el pecho y reconocer que estuvo del lado equivocado de las barricadas. Necesitamos arquetipos nuestros, en términos de movimiento políticos, líderes, revoluciones y restauraciones, para que en función de ellos podamos juzgar el presente. La actualidad de los sucesos del pasado, como ejemplo de lo que le ocurre al hombre en sociedad, es caso increíble para una generación como la nuestra formada con miopía histórica.

Con las anteriores citas resulta evidente la confluencia de los dos fenómenos que pueden ser sintetizados en un claro reproche del atraso de los historiadores frente a los científicos sociales y en una noción, igualmente clara, de anacronismo tanto en la metodología como en los temas y en el estudio de los sujetos históricos contemporáneos por excelencia: el proletariado, el campesinado y los movimientos populares.

La necesidad evidente de reescribir la historia en función de los intereses del presente trasciende las estructuras políticas en las décadas del sesenta y del setenta. Esta urgencia fue reconocida, a la vez, por aquellos que vivían una economía en tránsito al socialismo, así como por aquellos que estaban obligados a explicarse las causas ya del estancamiento, ya del desarrollo.

En el año de 1970 se celebró en Lima el Simposium sobre la Historia Económica de América Latina. Este Simposium respondió a la inquietud surgida entre los historiadores al observar el hecho de que varias obras consideradas tradicionalmente como históricas no servían para comprender la dinámica social. En opinión de los organizadores de ese evento había un considerable atraso: "entre la disciplina de la historia y las conquistas, hallazgos y las exploraciones de las otras ciencias sociales".

En esa ocasión Enrique Florescano comentó: "en el pasado, y sólo los historiadores más concientes de la fragilidad de su situación, intentaron abrir el campo de su información y de su temática, en un esfuerzo por responder a las exigencias de sus colegas sociólogos o economistas. En otros casos fueron más bien los economistas y los sociólogos quienes quisieron emprender por su cuenta la investigación de las raíces históricas de la situación presente, con los riesgos que esto implica".

En términos generales puede decirse que el diagnóstico sobre la necesidad de una nueva historiografía, ya sea en su vertiente marxista, ya en su vertiente económica y sociológica, fue elaborado casi en su totalidad entre los años de 1967 y 1972. Pero una cosa es el diagnóstico y otra, muy diferente, es llevar a cabo el proyecto. ¿Cómo escribir un nuevo tipo de historia con investigadores formados a la manera tradicional? ¿Cómo escribir la historia del presente sin tener los rudimentos del oficio y sin aprovechar la experiencia acumulada por historiadores de distinto signo? ¿Cómo superar el rezago sino emprendiendo rápidamente la marcha? En éstas interrogantes es posible advertir la contradicción inherente al proyecto de escribir la historia contemporánea. Este, en opinión de todos, debía realizarse pero para ello no se contaba ni con un instrumental probado en la práctica, ni con el personal idóneo para utilizarlo. En consecuencia, la vía del acierto y error fue la única posible, así como la de improvisar especialistas para suplir la deficiencia detectada.

Don Pablo González Casanova es explícito al respecto. En su introducción a *América Latina historia de medio siglo*, refiriéndose a quienes habían escrito los estudios contenidos en ese libro afirma:

Algunos de ellos son historiadores, otros son políticos y sociólogos... Por lo común los historiadores no se ocupan de la historia inmediata, los sociólogos y los politólogos tampoco. Unos se quedan tradicionalmente en el pasado lejano. Otros, consideran que su tarea no es la de historiador. El vacío ha quedado en parte cubierto.

La última aseveración de don Pablo, a mi juicio es un tanto temeraria. Sin embargo, no es este lugar para entrar en un comentario detallado. No obstante, queda claro que para el equipo que redactó esa obra y para la mayoría de los que se dedican al estudio de la historia inmediata el punto de partida para sus investigaciones exigía el convencimiento de que los aportes de las ciencias sociales a la historia de América Latina podía ser muy significativo.

Podríamos preguntarnos, sin embargo, cuál es la parte que ha sido cubierta y, sobre todo, si ha sido bien cubierta mediante el estudio y enumeración de conceptos como los siguientes: fuerzas sociales en conflicto, contradicciones al interior, leyes objetivas, dependencia y liberación y otros términos similares ¿cuál fue el aporte de esta tendencia al campo de la historia?

Por otra parte, es necesario señalar que la historiografía generada para intentar resolver los problemas planteados por la conversión socialista de la Revolución Cubana y de la hipotética transformación al socialismo del resto de los países latinoamericanos dio lugar a una serie de discusiones sobre el modo o los modos de producción existentes en América Latina. Las leyes del desarrollo económico y social establecidas por el marxismo hablan de la necesidad de que los modos de producción lleguen al límite de sus posibilidades para poder transformarse y dar lugar a etapas, sucesivas. De esta manera, resultaba imperioso determinar si América Latina era feudal o capitalista y si era posible, sin agotar todas las contradicciones, saltar de una etapa de la evolución a otra.

Este conocimiento era requisito indispensable para poder avanzar. La historia económica debía resolver previamente el problema para que los planteamientos políticos fuesen coherentes con el proyecto revolucionario y éste, en consecuencia, estuviese sostenido en un conocimiento objetivo. Nuevamente la definición del problema fue la parte que más rápidamente se solucionó. En ella estuvieron de acuerdo historiadores trosquistas como Vitale y excomunistas como Puigros, por mencionar sólo dos ejemplos. Sin embargo, el desprecio con el que los economistas políticos habían tratado a la historiografía de la época nacional y colonial no tenía una explicación lógica. Baste mencionar que Gunder Frank con el solo estudio de una hacienda brasileña y con un apoyo documental mínimo, se permitió establecer (con menos de 10 citas) el modo de producción de la época colonial. Este es quizá el caso más extremo pero se menciona aquí por la extraordinaria influencia que tuvo, no sólo entre los jóvenes historiadores sino entre los jóvenes antropólogos, sociólogos, economistas, etc. Como dato irónico la fuerte tradición historiográfica sobre la colonia existente en la mayor parte de los países de América Latina no fue consultada en lo mínimo por los científicos sociales.

Es necesario señalar que no sólo los estudiosos del marxismo contribuyeron a esta suerte de revisionismo histórico, sino que intelectuales provenientes de otras escuelas aportaron conceptos claves como: dualismo estructural y colonialismo interno. Por su parte, intelectuales fuertemente influenciados por las distintas vertientes del funcionalismo también pretendieron aclarar el panorama introduciendo las categorías de cambio social y modernización. La nomenclatura de la historia presente se enriqueció con conceptos que son ahora lugares comunes, me refiero a subdesarrollo y subimperialismo.

Los científicos sociales aglutinados en la sede de la CEPAL asimismo participaron en forma entusiasta para clarificar las tendencias generales del desarrollo latinoamericano. Para ellos las historias nacionales y las características generadas desde el periodo colonial no tenían significación mayor. Esta es la razón que explica su propuesta de regionalización, aglutinamiento, de los distintos países del área en función de indicadores económicos y sociales, más o menos homogéneos. Las agrupaciones pretendían responder, además, a las hipótesis de un cierto desarrollo común compartido por los países de la "periferia" en oposición a los países "centrales".

Un estudio clásico es el del sociólogo Gino Germani en el que define a la América Latina como una sociedad en transición. En esta investigación propone varios modelos correspondientes a las distintas etapas de desarrollo de los países latinoamericanos. Comparte con los otros estudios la opinión de que de lo general se va hacia lo particular y que si la particularidad contradice la tendencia general no debe ser considerada.

Las distintas tendencias historiográficas que influyeron en las décadas de los 60 y 70 generaron más que resultados reales de interdisciplina, de apoyo mutuo entre las diversas ciencias sociales, una retórica sobre la cientificidad de los métodos y de la fecundidad del diálogo. Este no se dio, y lo que se ha publicado como historia escrita interdisciplinariamente es, la mayoría de las veces, una pretendida conformación de los supuestos ideológicos. En estas historias es fácil advertir confirmaciones *a priori* de los supuestos teóricos. Para estos científicos aparece por vez primera la problemática de la contradicción entre ciencia e ideología. Para los científicos sociales preocupados por escribir historia, igual que a los historiadores de todos los tiempos, se les presentó como urgente la tarea de crear un centro de unión que les permitiera lo que

O'Gorman ha señalado como importante: "alcanzar de alguna manera la unidad conceptual del devenir hisórico". En opinión de muchos de los estudiosos mencionados, la unidad conceptual de la historia latinoamericana contemporánea se logra a través del proceso imperialismo-luchas de liberación nacional.

En este contexto y partiendo de la unidad conceptual señalada, es obvia la importancia de la ideología en la historiografía contemporánea. Resulta paradójico que a la historiografía pretendidamente científica del presente latinoamericano se le pueda aplicar la misma opinión que a la maestra Parcero le merece la historiografía mexicana del siglo XIX: "historiografía política, pues político es el objeto a que tiende y política es su motivación". En los estudios del presente, al igual que en las investigaciones sobre el siglo XIX, resulta difícil distinguir entre el historiador y el político. Para el observador resulta notable la analogía entre la actitud de los historiadores del siglo XIX que se dedicaron a escribir sobre su presente y la de los que actualmente se abocan a estudiar el suyo en América Latina. Me explico mediante el uso de las palabras de Mora, Alamán y Zavala. El primero decía en el año de 1836:

> Pretender o exigir imparcialidad de un escritor contemporáneo es la mayor extravagancia, nadie que se halle en semejantes circunstancias puede contar con esta prenda tan apreciable como difícil de obtener. La historia contemporánea no es, no puede ser otra cosa que la relación de las impresiones que sobre el escritor han hecho las cosas y las personas.

Alamán, por su parte, en el año de 1844, señala:

> Hoy que las pasiones han calmado, que se deje escuchar ya la voz tranquila de la razón, ha llegado la época de examinar libremente estas cuestiones y de juzgar con imparcialidad de todos los sucesos de nuestra historia, desde la conquista hasta la independencia, sin poder pasar todavía más adelante, pues que para el periodo muy importante que comprende desde la independencia hasta nuestros días, existen aun los mismos inconvenientes que antes habían para hablar de la época del gobierno español: todavía el fuego de las pasiones se haya encubierto bajo una ceniza engañadora.

Zavala, en este sentido no es la excepción y lo presento al último, pese a ser el primero en publicar su ensayo histórico en los años 1831 y 1832, porque define más claramente cual era su objetivo al publicarlo. Es significativo que Zavala utilice el imperativo deber para referirse a hechos en los que el deber ser no tiene ingerencia. Veamos lo que este autor dice al final del tomo II de su obra:

He dado fin a la historia que comprende el periodo de 1810 hasta 1830. Creo haber hecho un servicio a los mexicanos presentándoles los sucesos bajo el punto de vista que deben ser vistos. Ningún principio que pueda corromper sus costumbres; ninguna doctrina que pueda comprometer su libertad; ninguna máxima que disculpe la tiranía; ningún hecho que ofenda la decencia; nada, en fin, a ocupado el lugar ésta obra con el fin que me propuse constantemente y que fue el de promover el bien de los mexicanos, enseñándoles a conocerse, y a conocer los que han dirigido los negocios.

Es obvio que los tres autores mencionados su obra cumple una finalidad didáctico-política. Para Mora el fin se orienta hacia la posteridad, para Zavala el objetivo es el exponer un decálogo para justificar su participación política. Los políticos Alamán y Zavala, recurrían a los historiadores Zavala y Alamán para que a través de la enseñanza de la historia sus simpatizantes se convencieran de la justeza de sus causas y actuaran en consecuencia.

En una terminología menos decimonónica, más directa, encontramos en cierta historiografía contemporánea la misma búsqueda ejemplarizante que persigue como objetivo fundamental la motivación de los simpatizantes para la lucha por el poder. Don Pablo González Casanova en su texto *Imperialismo y liberación. Una introducción contemporánea de América Latina,* publicado en 1978 apunta que a partir de 1973:

> La comprensión de la toma del poder por la masa-práctica y sus organizaciones de combate tendieron a ocupar el centro de la reflexión. El estado se volvió la obsesión de la voluntad y la inteligencia del partido, los líderes, los ideólogos y los intelectuales. La lucha antifascista, política y violenta, democrática y socialista se cargó de un contenido de clase.

Para no dar lugar a equívocos en la interpretación de su obra la culmina con la siguiente idea:

> Si la primera independencia de América se hizo con ideologías liberales la segunda se hace con ideologías socialistas. Es este un hecho innegable al que se añade otro no menos significativo: las masas de la primera independencia conocían menos las ideologías liberales de lo que las masas que harán la segunda independencia conocen las socialistas.

En este contexto no es posible negar que para los científicos sociales la historia cumple, antes que nada, una función política y que la preocupación académica se entiende no como interés científico por conocer la verdad sino como compromiso para logar la liberación nacional.

PRESENCIA INDÍGENA Y SU PARTICIPACIÓN EN LA HISTORIA

III

LOS INDIOS ACTUALES DE AMÉRICA FRENTE AL V CENTENARIO

Carlos Guzmán Bockler
Guatemala

Al reflexionar sobre las actitudes y las opiniones, así como sobre los pensamientos y los sentimientos que los indios actuales de América tienen sobre el V Centenario, se hace necesario tomar en cuenta tanto la diversidad del medio ambiente en el que cada gran sector se desenvuelve (tundra, llanura ártica, riberas de los mares, lagos y ríos heladas, frías, templadas y cálidas, grandes llanuras fértiles y semifértiles, desiertos y semidesiertos, montañas desnudas o cubiertas de vegetación, valles cultivables o páramos, grandes cuencas silvícolas o áreas insulares, etc.), como la textura de la sociedad "global" que, correspondiendo a diversos *estados*, se encuentra regida por sistemas más o menos abiertos, más o menos despóticos, en cuyo interior libran, las más de las veces, una sorda y enconada batalla, por una parte, la ideología dominante: detentadora de la herencia colonial; y, por la otra, las concepciones ancestrales de la población primigenia del continente, expresadas en una amplia gama de manifestaciones orales (los idiomas) y estéticas (las artes).

Al hacer referencia a sociedades o a estados más o menos abiertos o despóticos no pensamos específicamente en la posibilidad de asimilar los primeros a las diferentes formas de lo que se suele entender por democracia, y a los segundos con aquellas que configuran las dictaduras. Esos puntos de partida tal vez sean aplicables cuando se intenta únicamente hacer análisis superficiales, que satisfacen las exigencias de la ideología colonial dominante, es decir, que omiten el tratamiento de las discriminaciones de todo tipo y, en especial, el de la discriminación de las poblaciones amerindias, por ser precisamente eso. Si bien, esta situación es común a todos los países del continente donde hay población indígena, los grados de control y represión varían no sólo en función de las oportunidades de mejoramiento económico que se le bloquean, sino en atención a las posibilidades de desplazamiento que se le niegan. Dentro de las variadas formas de limitar y reprimir, existen diferencias palpables entre las *reservaciones* o las *reducciones* y el relegamiento a las regiones rurales (considerables o pequeñas) o las inserciones en áreas marginales de los centros urbanos. En todos los casos, sin embargo, el denominador común es la segregación.

Esta última toma las formas más acusadas y los perfiles más lacerantes en los aspectos económicos, ya que los amerindios pueden estar constreñidos a recibir las limosnas de la seguridad social, tal como acontece a varios pueblos del Canadá (*Le Monde*, Selection Hebdomadaire no. 2,080, 8-14 septiembre, 1988), o constituir la mano de obra agrícola masiva (en algunos casos mayoritaria tanto en términos relativos como absolutos), barata y estacional, que con su esfuerzo laboral da el sostén fundamental a las economías agroexportadoras y/o mineras que subtienden a muchos estados oficialmente blancos y mestizos de América. En ambos extremos, así como en el gran abanico de situaciones intermedias que se dan en la realidad indoamericana, la discriminación opera a partir de la constitución de barreras, muy difíciles de franquear, que sofrenan las capacidades potenciales de las poblaciones indígenas, a las cuales se les niega tanto los conocimientos teóricos como la capacitación profesional, así como la liberación efectiva de las enfermedades endémicas (las gastrointestinales de los trópicos son un buen ejemplo a este respecto), encerrándolas, como consecuencia, en un círculo vicioso en el que destacan por igual la desnutrición –que flagela a grandes contingentes poblacionales– y la frustración a la que se llega tanto por falta de oportunidades de mejoramiento laboral, como de incentivos para la superación escolar y técnica. Los casos aislados son la excepción que confirma la regla.

Ahora bien, si las bases más tangibles –e incluso mensurables– son las que se refieren a los aspectos económicos de la discriminación, ésta tiene su apoyo más firme en la existencia y en la perpetuación de la ideología colonial dominante. Ideología que, al aplicarse a las poblaciones autóctonas de América, se endurece hasta convertirse en *conjunto de principios de base*, sobre los cuales se pueden edificar indistintamente democracias y tiranías, tolerancias e intransigencias, que soporten a los sedicentes *estados nacionales*, sean éstos de cepa anglosajona o francesa, o bien española y portuguesa. Tal ideología es la razón de ser del sistema colonial desde el siglo XVI en América, y la persistencia de la misma, así como el vigor que mantiene se explican en buena parte por el hecho de que las formaciones económico-sociales que generó la aventura colonial europea, para afirmarse como colonias, primero, y como estados independientes, después, han considerado ineludible la negación de la población amerindia, en su historia, sus conocimientos, sus diversidades dentro de una gran unidad, su concepción del mundo y de la vida, sus grandes formas expresivas y, como resultado de todo lo enumerado, su identidad o, lo que es lo mismo, su especificidad, la cual, a pesar de todas las agresiones, viscisitudes, limitaciones y mutilaciones no han podido aniquilar. Ni tan siquiera reducir.

En otras palabras, el enfrentamiento se ha dado y se sigue dando en un terreno que va más allá de las ideologías, entendidas éstas a la manera occidental. Se da en las profundidades de las concepciones del mundo y de la vida, condicionadas por el entorno material que les dio vida y que, precisamente, se trastocó con la invasión europea y sus secuelas de muerte, enfermedad, despojo de los biene materiales, y desprecio total de las libertades y de las dignidades de los vencidos militar y económicamente.

Aun dentro de lo aplastante que fue la iniciación de la noche colonial, las poblaciones directa o indirectamente afectadas supieron diferenciar, desde entonces, entre el pasado propio de ellas y la avalancha del poderío invasor. Para trazar esa línea divisoria de sus aguas históricas recurrieron a su cosmovisión y, atrincherados en ella, supieron planear y llevar a la práctica las estrategias y las manipulaciones sociales que, partiendo de los principios de la religión cosmogónica, libraran la guerra en el terreno de las ideas donde enfrentaron al cristianismo con ventaja, ya que las capacidades de abstracción y generalización que sustentan a éste son mucho más endebles y restringidas que las que subtienden a aquella.

En tal sentido, es un error afirmar la existencia del sincretismo religioso como una capitulación del pensamiento cosmogónico ante los dictados del cristianismo, tal como se pretende en los textos prooccidentales que circulan con pretensiones de ser resultados de la investigación científica. Una visión más detenida de los hechos muestra que las formas externas y susceptibles de ser percibidas desde afuera colindan con los rituales del cristianismo; y que la estructura interna, preservada tras aquel espejismo, ha atracado inconmobible e imperecedera tanto en la mente colectiva como en las conciencias individuales. Allí reside el meollo de la identidad y la razón para que la misma no esté sujeta a negociación alguna. Como no se trata de una entelequia, sino de una interrelación dialéctica entre el mundo circundante y los pueblos, vista con los ojos de un proceso civilizatorio que se gestó en diálogo con la naturaleza y que se consolidó en las actividades agrarias, lo fundamental de esa naturaleza es considerado como patrimonio irrenunciable. Por ello, la tierra y las aguas que la bordean o aquellas que la fecundan, al igual que sus productos, son cosubstanciales al amerindio, y las reivindicaciones de todo ese conjunto le parecen tan obvias como elementales.

Durante cinco siglos el mantenimiento de la identidad y la reivindicación de la tierra, en particular, y de la naturaleza, en general, han sido las piedras sillares que han soportado la especificidad de la población aborigen de América, así como su derecho a la diversidad interna sin romper la unidad global. Encerrada en los estrechos círculos de la pobreza, la enfermedad y la ignorancia de lo que acontece afuera; y asediada por la explotación económica y la intransigencia religiosa de los "estados-naciones" construidos por la colonización, no ha podido –en términos de mayorías– poner su reloj con la hora del mundo. Pero, en estas postrimerías del siglo XX, una buena cantidad de sus miembros ha empezado a hacerlo y ha expresado, con voz clara y distinta, sus anhelos y sus reivindicaciones.

Al volver la mirada hacia los "estados-naciones" y a su ideología dominante, podemos destacar el hecho de que, en el discurso oficial –expresa o tácitamente– se afirma siempre la bienaventuranza que aparejó la invasión, las matanzas, los contagios de enfermedades, los despojos y los aherrojamientos, mencionándolos en términos que son tanto eufemismos como programáticos, a saber: descubrimiento, conquista, cristianización, civilización (entendida como occidental y única), etc. La dinámica misma de la colonización dio la pauta para el exterminio y la consiguiente "reducción" de pocos sobrevivientes, tal como aconteció en la América ocupada por los anglosajones; o el proceso de mestizaje acaecido en la hoy llamada América Latina, en la que, al tenor de una de las fricciones sociales más burdas e irreales, se estima que en dicho mestizaje prevaleció el aporte ibérico en total desmedro del componente aborigen, aun cuando –tal como sucede en México, América Central y las regiones andinas– la morfología de la gran mayoría de los mestizos sea indígena y la ideología hispanizante. En la búsqueda y en la supuesta evidencia de esas raíces ibéricas, se asienta uno de los supuestos básicos de la vida de los mestizos: la presencia intemporal del ancestro europeo (español o portugués) y la cita reiterada de su existencia, en contraposición a la carencia que de tales blasones hay en los indios. Estos, por su parte, hacen suya –en sentido negativo– esa presencia europea en sus discriminaciones y, al considerarla parte del mundo de éstos, la actualizan al tiempo que la estigmatizan.

Al pretender sintetizar los efectos de la colonización en la población amerindia, hay que destacar que la explotación y la marginación económicas corren parejas con la desinformación, entendida ésta en el más amplio sentido del vocablo. La colonización trazó fronteras territoriales, raciales y mentales, dejando a las poblaciones indias triplemente cercadas por esos círculos concéntricos. Les impidió, al destruir sus documentos y al eliminar a los intérpretes calificados de los mismos, el enlace racional con su pasado. Aisló a unos grupos poblacionales de otros, prohibiendo su intercomunicación. Intentó avasallar sus mentes y enajenar sus corazones al echar adelante el proceso de la evangelización. Y les cortó toda comunicación con las restantes civilizaciones del mundo, incluyendo la occidental, de la cual sólo les mostró los aspectos más mezquinos y vergonzosos. De no haber existido la voluntad firme de aferramiento a la identidad colectiva, y de no haber recurrido a los asideros que proporcionaba la cosmovisión genuinamente americana –utilizados en la práctica a través de una religiosidad cosmogónica popular–, los pueblos amerindios habrían sucumbido, ya que la explotación económica siempre fue agobiante.

El afán de perpetuación se tradujo en aumento de las tasas de fertilidad y en fortalecimiento de los marcos intelectuales explicitados en las expresiones artísticas y verbales. La vitalidad de los idiomas, mantenidos a base de transmisión oral, es una prueba irrefutable, a pesar de los esfuerzos de *todos* los gobiernos de los "estados-naciones" para extinguirlos.

¿Qué espera la población amerindia al llegar al V Centenario? Por boca de sus dirigentes más esclarecidos, se harán, en primer término, evocaciones de la desgracia que se abatió sobre sus pueblos y se expresará la condena de los hechos acaecidos en aquellos días aciagos. En segundo lugar, se enjuiciará con profundidad el proceso de la colonización y su duración, partiendo de la base de que el mismo, en lo que a la población amerindia atañe, aún no ha terminado, toda vez que las mayorías indígenas siguen sufriendo la explotación económica, la discriminación racial, la segregación social, y la falta de información, en el más amplio sentido de la palabra, es decir, la falta de acceso a una instrucción que ponga al servicio de las juventudes y de los sectores económicamente activos los conocimientos y las técnicas que son ya patrimonio de la humanidad y no de determinados países ni bloques de países. También se traerá a cuenta, para su revisión total, el problema de la tenencia de la tierra y las aguas, así como de los productos de las mismas, a efecto de redefinir territorios, así como zonas de laboreo y de explotación, bajo la base racional que nació con las civilizaciones agrarias de América y que el Occidente (después de haber perpetrado el ecocidio) llama ahora ecología.

Debe entenderse que, en muchos casos, no se trata de crear únicamente zonas autónomas, porque tal autonomía no puede lograrse dentro de las estructuras coloniales que privan en los "estados-naciones" actuales. Deberá contemplarse la posibilidad de una redefinición de fronteras que abra el camino para que diversas naciones reales pasen a ser estados, soberanos e independientes, a la luz de una lógica que borre las fronteras heredadas de las divisiones administrativas coloniales o de la rapiña y la usurpación realizadas en nombre de supuestos destinos manifiestos e ideologías semejantes, creadas para justificar expansionismos indefendibles a la luz de los dictados de lo que los occidentales llaman el *derecho de gentes*.

A la madurez con la que la dirigencia de los distintos pueblos amerindios llegue al explicitar tales planteamientos y a la que demuestren los políticos que para entonces se encuentren al frente de los "estados-naciones" herederos del orden colonial, corresponderán las soluciones negociadas que conduzcan a esa revisión global del pasado y a las posibles soluciones que los casos particulares demanden. El diálogo igualitario, que nunca se dio en los cinco siglos que están por concluir, puede iniciarse con todos los tropiezos que tan larga temporalidad apareja. Quizás sea ese el momento de empezar el recorrido de las vías pacíficas hacia la conformación de sociedades más justas.

Ahora bien, la otra cara de la moneda puede ser la ampliación de las operaciones represivas –militares, policíacas y misioneras– que se han desatado en las últimas décadas y se siguen lanzando contra las poblaciones indias de aquellas regiones donde al número considerable de habitantes se une un pasado histórico que hiende sus raíces en procesos civilizatorios milenarios, tal como acontece en la parte de Mesoamérica que ocupa Guatemala y en las serranías andinas del Perú. Ahí donde los regímenes más marcados por la herencia colonial han extremado el ataque, la respuesta de ciertos sectores amerindios es la guerra, con las características que cada pasado particular ha condicionado. Más allá de las contradicciones y los sectarismos de las izquierdas y allende los desbordes genocidas de los ejércitos de América Latina (asesorados y aprovisionados por los Estados Unidos de América y algunos de sus satélites extracontinentales) parece generarse y robustecerse en muchos jóvenes indios un deseo de ruptura profunda con el pasado, susceptible de alentar una lucha prolongada que, hasta el presente, no han podido consolidar las guerrillas dotadas de otra conformación social. Es claro que las reivindicaciones de la identidad colectiva y las de carácter patrimonial se entrecruzan con la búsqueda de otro orden general de cosas al que las sociedades clasistas actuales no tendrán nada que aconsejar.

El año de 1992 empieza a vislumbrarse en medio de interrogantes, presagios equívocos y acechanzas, no sólo para la población india de América sino para todo el Tercer Mundo, ya que nada parece detener el ahondamiento que nos separa de los países industrializados, ávidos de riqueza y poder. En términos reales, para la

América Latina la agresión iniciada en 1492 no ha terminado, toda vez que la dependencia económica y el colonialismo mental la siguen estrujando. Los "estados-naciones" antes aludidos no han sido capaces de elaborar verdaderos proyectos colectivos que nos devuelvan nuestras riquezas y desomnubilen nuestras conciencias, y en el empeño de hacer más pobres a nuestros pobres para enriquecer a los intermediarios de la explotación extranjera, han empobrecido la mente y prohijado el servilismo entre los intermediarios de la explotación interna.

Empero, recordemos con Antonio Pop Caal que "La población [indígena] se ha mantenido incólume y permanecerá indestructible porque conserva, a pesar de la dominación y la pobreza, su dignidad".(*)

Esa dignidad es el producto más hermoso que los amerindios podrán esparcir cuando tornasole el horizonte la aurora del siglo *XXI*.

---

* Antonio Pop Caal, "Réplica del indio a una disertación ladina", en: *Utopía y revolución. El pensamiento político contemporáneo de los indios en América Latina,* compilación de Guillermo Bonfil Batalla, Editorial Nueva Imagen, México, 1981, p. 152.

LA CULTURA INDÍGENA 500 AÑOS DESPUÉS

Luis Guillermo Lumbreras
Perú

Cuando los españoles llegaron a nuestro continente, este territorio estaba totalmente ocupado por una población que durante milenios había logrado someter las condiciones naturales existentes a diversas formas de dominio, creando mecanismos de intermediación adecuados a las singularidades del medio, de modo tal que cada cual resolvió sus necesidades de vida de manera igualmente singular. Fue así como unos se organizaron en una progresiva afirmación de la caza y la recolecta como forma de apropiación de los recursos accesibles; otros, lograron desarrollar formas de explotación agrícola de diverso grado de complejidad; y, finalmente, otros avanzaron en la dirección de un proceso civilizatorio que sustentaba su existencia en el desarrollo urbano y sus consecuencias económicas y sociales.

No era, desde luego, un proceso congelado, sino, por el contrario, activo y dinámico, en constante juego de alternativas e intercambios. Las experiencias de unos y otros avanzaban en términos evolutivos y transculturativos en forma ágil y consistente, con la permanente contrastación de los recursos creados por su experiencia y las condiciones materiales de su existencia.

Esta experiencia acumulada constituía un patrimonio cultural lo suficientemente vasto como para disfrutar, con su uso, de todos los recursos accesibles dentro de los límites –constantemente ampliados– de su capacidad técnica y las formas institucionalizadas de su vida.

Es éste el panorama humano que encontró Occidente. Un panorama variado e incomprensible dentro de los marcos de referencia de los que ellos eran poseedores. Su propio patrimonio, cultural, identificado con otras condiciones materiales de existencia, les impedía valorar y absorber el rico patrimonio indígena americano y los impelía a resolver su presencia dentro de los parámetros tecnológicos e ideológicos de los que disponían exitosamente en su propio territorio de origen.

Por eso, la presencia de la cultura Occidental en América tuvo contornos dramáticos que rebasan los límites de la conquista militar o de una simple invasión, con efectos que aún hoy después de 500 años, no podemos superar, por su plena vigencia y permanente reproducción.

No fue un desigual contacto entre dos mundos, uno desarrollado y otro primitivo; fue una relación desigual entre dos mundos cuya existencia se sustentaba en fuentes histórico-patrimoniales muy distintas, donde fue más fuerte la confrontación de las culturas que la guerra misma, con todo lo que ésta pudo significar en términos coyunturales.

Desde el punto de vista histórico, es la resistencia cultural y la consecuente lucha por el patrimonio lo que permite definir mejor la naturaleza del contacto. Es éste, más bien que las mil guerras que cruzaron el espacio americano, el factor que aún está vigente en nuestras estructuras, determinando en diversos niveles y modalidades, las circunstancias de nuestra historia actual.

La confrontación cultural fue realmente dramática, porque de ella devino el genocidio más grande que registra la historia del mundo, con todo un continente avasallado; porque de ella devino también el congelamiento y envilecimiento de un patrimonio cultural acumulado por milenios y del que ahora con toda justicia reclamamos su rescate y revaloración, en cuanto tratamos de resolver los problemas estructurales de nuestro tiempo mediante un proyecto nacional.

El panorama de América durante estos últimos quinientos años, y luego de estos quinientos, nos muestra un curioso mosaico multiétnico, multirracial y en su conjunto plural, donde el eje de unidad y coherencia está plasmado en aquello que aparece como herencia de Occidente y que nosotros identificamos como latinoamérica y anglo-américa, en referencia al origen europeo de su existencia, dado que opera dentro de los parámetros de origen colonial de su patrimonio cultural. Lo que no está dentro de estos marcos de referencia occidental es llamado indígena.

El mundo indígena americano aparece como un archipiélago rodeado de Occidente. La herencia colonial se ha constituido en el componente social mayoritario y domina el territorio americano, reduciendo progresivamente el espacio indígena de zonas de refugio, a reducciones o a territorios donde "la mancha india" ocupa aún espacios extensos.

Este panorama está acompañado, además, de un desarrollo desigual de los países y las regiones, en donde coincidentemente se aprecia una relación casi directa entre territorios muy desarrollados y extensiva ocupación de rango occidental y territorios deprimidos o atrasados y poblaciones indígenas supérstites.

Esta situación, que es interpretada con mucha ligereza como producto de incapacidades congénitas, registrando un reclamo de modernización mediante una progresiva occidentalización de los recursos humanos y técnicos, sólo tiene explicación si se examina la naturaleza del contacto en estos 500 años pasados, a partir de la confrontación cultural.

Occidente, con la capacidad que le dispensa su patrimonio cultural, sólo pudo lograr éxito en aquellos territorios en donde las condiciones materiales de su existencia eran iguales o similares a aquéllas donde se forjó su patrimonio: En las praderas o los bosques fríos donde los americanos sólo habían logrado los mecanismos de apropiación correspondientes a lo que en el viejo mundo se registra como paleolítico o neolítico y que ellos pudieron superar gracias a los préstamos culturales que recibieron de Oriente.

El contacto de Occidente con los pueblos que ocupaban tales territorios –tanto españoles como ingleses– en los extremos norte y sur de nuestro continente, devino en el genocidio generalizado y la formación de las reducciones de indígenas. Occidente se expandió allí como si estuviera en su propia casa y pudo disponer de todos los beneficios de su patrimonio original, sin más límite que el tiempo disponible para ampliar su proyecto colonizador y la evidente necesidad de despojar de sus tierras y áreas de caza o recolecta a sus originales poseedores, sin poder incorporarlos a la producción activa dado el bajo nivel de desarrollo de sus fuerzas productivas.

Es allí donde está el mundo americano que nosotros consideramos "desarrollado" a partir de la razón colonial, que toma como paradigma los logros tecnológicos y sociales de Occidente que son suyos en tanto que tienen todas las respuestas que requerían para su reproducción.

No ocurrió lo mismo con el mundo americano intertropical y los extremos próximos a las regiones polares. Allí el patrimonio de Occidente no encontró terreno fértil para sus exitosos proyectos colonizadores. Es más, aquellos lugares donde existen zonas de refugio indígena, en la extensa amazonía o en espacios circunscritos del bosque tropical de norte, centro y sudamérica, fueron y son barreras impenetrables para Occidente, que no tiene un patrimonio cultural capaz de resolver en ellos la existencia humana. Su penetración, más no ocupación, tiende por eso a suplir necesidades extractivas con destino externo, no importando el nivel de depredación y degradación al que puedan conducir sus actos sobre la población o la naturaleza que su acción afecta.

En aquellos lugares en donde el desarrollo indígena había ya logrado incorporar áreas boscosas o desiertos, Occidente se apropió de ellos y usando el patrimonio original indígena, a los propios indígenas o importando esclavos africanos, mantuvo y mantiene una relación de explotación que adquiere características de un bajo nivel de desarrollo, debido a que Occidente por sí mismo no dispone de un patrimonio capaz de elevar ese nivel y porque la razón colonial que domina su existencia, ha luchado y lucha por congelar el patrimonio cultural indígena, al que considera atrasado, primitivo e incapaz de alcanzar los niveles de exigencia que son parte de su racionalidad.

En estas condiciones, el componente indígena, usualmente mestizado con blancos y negros, o extinguido, tiene una condición social definida, que evolucionó de la esclavitud o la servidumbre, hacia la de campesino u obrero. Siempre en condición de explotado, a menos que logre ser capturado plenamente por el sistema y se integre o asocie con las clases explotadoras, situación en la que dejará de ser identificado formalmente como indígena; pero entonces estará tan incapacitado como cualquier criollo para identificarse con el patrimonio indígena; cuando esto, en cambio ocurre, usualmente se convertirá en un elemento contestatario, enemigo del sistema.

El contacto de Occidente con aquellos pueblos que, en Mesoamérica o los Andes, habían logrado una plena transformación de sus condiciones materiales de existencia, con una vida urbana establecida, fue diferente. No porque hubiera mayor o menor resistencia armada, ni siquiera porque este desarrollo estuviera acompañado de una mayor densidad poblacional. Hubo pueblos de cazadores o agricultores que hicieron una más larga y dura resistencia y otros cuya densidad poblacional era considerable.

En este contexto, fue indispensable la negociación asociada a la guerra, pero sobre todo, las condiciones materiales de existencia estaban resueltas ampliamente a favor del hombre, no sólo por una infraestructura social y tecnológica urbana, sino porque el patrimonio cultural había incorporado inmensos territorios a la producción, convirtiendo bosques y desiertos en áreas cultivables, con abundosos bienes vegetales, animales y minerales al servicio de la producción y el consumo y con un población hábil en su manejo y explotación. Allí la colonización y la invasión adquirieron forma de conquista, con vistas a apropiarse de todo el patrimonio.

Pero nuevamente la naturaleza de la razón colonial impidió incorporar o más bien sustentar la vida social en el patrimonio indígena, propiciando –por el contrario– la liquidación de los conductores y sabios del mundo indígena para evitar la reproducción cultural nativa.

La guerra fue contra los dioses nativos y las capas dirigentes indígenas, buscando la congelación de la cultura, en aras de propiciar una explotación de los territorios a partir de los alcances patrimoniales de Occidente.

Al margen del saqueo y la depredación a la que fueron sometidos nuestros países en beneficio del imperio español, cabe destacar que de la contradicción existente entre la razón colonial y la razón nacional indígena surgieron los fundamentos de nuestra situación actual. Esa contradicción se resolvió mediante la imposición de la razón colonial, que se sustentaba en la fuerza del Estado español, sometiendo la razón nacional indígena a la situación de cautivo y enemigo del progreso.

Razón colonial, es la que somete nuestra conciencia, ayer y ahora, a los dictados paradigmáticos de Occidente; partiendo del supuesto erróneo que sus capacidades de resolver sus problemas, pueden también resolver los problemas de todos los demás, aun cuando se trate de problemas totalmente diferentes; razón nacional, es aquella que enmarca la conciencia dentro de las condiciones reales de existencia y que se nutre del patrimonio acumulado por quienes tuvieron que enfrentar y avanzar históricamente dentro de esas mismas condiciones, autogenerando sus propias soluciones o incorporando creativamente aquellas descubiertas por otros.

La razón colonial supone que su existencia, medida con el parámetro de su país de origen, es un paradigma que satisface plenamente las necesidades de la vida humana, lo que es efectivamente cierto para ellos. Pero lo que la razón colonial no advierte es que el patrimonio sobre el cual se sustenta es el producto histórico concreto de un mundo con condiciones igualmente concretas, sin cuya existencia dicho patrimonio será total o parcialmente incapaz de reproducir los éxitos de su condición originaria. Por tanto, su aplicación forzada deviene en remedo, en calco débil o incapaz de alcanzar un desarrollo próximo al modelo.

Eso ocurrió con nuestros países en estos 500 años pasados, y por eso estaremos siempre subdesarrollados o en vías de desarrollo, porque el síndrome colonial de nuestra conciencia nos impide usar la crítica de la razón nacional, que necesariamente tiene una matriz indígena, con la cual podemos avanzar sobre nosotros mismos.

Todo hombre de Occidente tiene acumulados en su conciencia el paleolítico, el neolítico y todas las sucesivas etapas de su historia, con las conquistas y alcances de cada etapa; no requiere pues de un rescate patrimonial de ninguna clase, porque lo posee y se identifica con él; nosostros los americanos, especialmente los latinoamericanos, hemos congelado el pasado propiamente nuestro y no tenemos paleolítico, neolítico ni las sucesivas etapas de nuestra experiencia histórica incorporadas en nuestra conciencia y por lo tanto en nuestra existencia social concreta. Tenemos 500 años de una conciencia alienada a una historia que por no ser nuestra sino europea, no es capaz de constituirse en un patrimonio nacional creativo y dinámico, sino epigonal, extranjerizante y pauperizado. Y no es capaz de eso porque el patrimonio occidental no tiene las respuestas que nuestro desarrollo indígena logró frente a su existencia concreta. Nuestro paleolítico incorporó animales, plantas y otros recursos que nuestro neolítico domesticó y sometió a control social de manera congruente y tras largos experimentos. Todo eso es un patrimonio indígena que fue abandonado parcial o totalmente tras la implantación de la colonia y reemplazado por recursos y procedimientos exitosos allá y difíciles, costosos e ineficientes aquí. El desarrollo de allá suele ser muchas veces la depredación acá y el atraso que visualiza Occidente acá muchas veces es la raíz de nuestro desarrollo.

Por eso, la razón colonial nos ha puesto en la condición de "subdesarrollo" que se sustenta adecuadamente en las relaciones de dependencia imperialista en las que vivimos. Sólo la razón nacional tiene un signo liberador, cualesquiera sea el sistema social por el que optemos. Y la razón nacional parte de una matriz indígena de la que no puede desprenderse. Por eso sostenemos que frente a los 500 años, la reflexión indígena –entendiendo por indígena no una raza ni una lengua, sino una identificación con un patrimonio que va mucho más allá de los 500 años de vida colonial– no puede ser otra que la de convertir la memoria del evento que dio origen al contacto, en acción de desarrollo de nuestra lucha por la liberación nacional y en reflexión explicativa de las condiciones actuales de nuestra existencia social, para diseñar un programa, un proyecto nacional que vuelva a convertir en indígena nuestra cultura todavía colonial y en libres y soberanos, nuevamente, a nuestros pueblos.

DISCURSO INDÍGENA Y DISCURSO DE RUPTURA

Carlos Paladines E.
Ecuador

> "En 1992 se cumplirá 500 años del llamado 'Descubrimiento de América'. Ante este hecho, los pueblos indígenas del Ecuador y del Continente convocamos a reflexionar sobre el real significado de la conquista, y a participar activamente en la campaña '500 Años de Resistencia India' impulsada por la CONAIE".[1]

Introducción

Este es el encabezamiento con el que dio inicio la Confederación de Nacionalidades Indígenas del Ecuador (CONAIE) a su "Programa Nacional de Resistencia India" al V Centenario de la Conquista de América, y al igual que en Ecuador, en Perú,[2] en México,[3] en Colombia[4] y otros pueblos latinoamericanos,[5] no han faltado las más duras reacciones y críticas al propósito de realizar "grandes

---

[1] Confederación de Nacionalidades Indígenas del Ecuador, (CONAIDE), "500 años de resistencia india", Arte y diagramación CEDECO, Quito, abril, 1988.
[2] Confederación Campesina del Perú, "La Confederación Campesina del Perú y el V Centenario de la Conquista", Lima, agosto de 1988.
[3] Centro Nacional de Ayuda a Misiones Indígenas (CENAMI), Cuadernos no. 3: Estudios Indígenas, 500 años de evangelización, (consulta indígena), Edc. CENAMI, México, octubre 1987.
[4] Movimiento Indígena de Colombia, "Campaña de autodescubrimiento de nuestra América", "Declaración, respecto al V Centenario del llamado 'descubrimiento' de América", Colombia 1988.
[5] Asamblea del Consejo Mundial de Pueblos Indios, "500 años ¿Encuentro o Invasión?", Lima, julio de 1987.

celebraciones" para "festejar" el V Centenario del Descubrimiento de América.

Mas ante la reacción indígena a conmemorar con "festejos" uno de los momentos más traumáticos de su devenir histórico, tampoco han faltado réplicas y contra-réplicas ya sea a favor o en contra de la toma de posición indianista.[6] En algunos casos, ante el "discurso crítica" y de "ruptura" puesta de manifiesto por muchas organizaciones indígenas se han despertado en unos temores y "sospechas", en otros más bien se ha llamado a su investigación y estudio y no han faltado quienes han brindado entusiasta apoyo al coro de protesta que debería levantarse en todo el Continente en contra de esas "desvergonzadas celebraciones".[7]

Veamos al menos una de estas reacciones. En mayo de 1986 el CELAM recibió una comunicación del Cardenal Gantín, presidente de la Pontificia Comisión para América Latina, en la cual manifestaba su preocupación por el Informe presentado por el Consejo Indio de Suramérica en una reunión de trabajo de la ONU en la cual había participado la Santa Sede. Al CELAM básicamente le preocupaba la inculpación que podría hacerse a la Iglesia respecto a la Conquista y las calificaciones que merecía la presencia de la Iglesia entre las comunidades indígenas durante estos quinientos años de dominación, pues en el foro de las Naciones Unidas ellos habían manifestado: "la invasión fue avalada por la Iglesia Católica, la misma que hoy tiene su sede central en Roma, Italia, como Estado Independiente, el Vaticano, y fue justificada por el simple hecho de que los pueblos invadidos no eramos cristianos. (...) Internacionalmente a través de la historia hay dos culpables: los antepasados del Estado español y los antepasados del Estado eclesiástico del Vaticano, y por supuesto todo el sistema actual de imposición y opresión que impera sobre nuestra existencia de pueblos con cultura e historia propias".[8]

---

[6] La antropóloga ecuatoriana Ileana Almeida distingue fundamentalmente tres posiciones: 1) Para el pensamiento eurocentrista, el "Descubrimiento de América" fue la gran gesta de España y un resultado lógico de su propio devenir. Así América no es sino la prolongación del ser español, que reprodujo una sociedad a su imagen y semejanza. 2) Una segunda posición enfoca el hecho como la conjunción de dos existencias en las que se fundieron dos orígenes, dos tradiciones y dos razas y que anuló la identificación originaria de ambas. 3) Para los pueblos indios, que reclaman su antigua identidad, la llegada de los europeos no significa sino destrucción y aniquilamiento de su mundo material y espiritual. *Cfr.* El "Descubrimiento de América y la ideología de la conquista", Novenas jornadas culturales de mayo. Consejo Provincial de Pichincha, Quito, mayo de 1987.
[7] *Cfr.* Confederación Campesina del Perú,...
[8] *Cfr.* Centro Nacional de Ayuda a Misiones Indígenas, *op. cit.*, pp. 13 y ss. y 26-28.

Para esclarecer estos aspectos, una Comisión Especial del Episcopado Mexicano decidió realizar una consulta que se celebró en Tepepan, D.F., en abril de 1987. Al concluir ésta Mons. Jesús C. Alba Palaciones expresó: "No hemos tenido tiempo de ver cómo, a pesar de calamidades, este acontecimiento sobre el que hemos reflexionado, que no fue descubierto, ni encuentro, sino invasión, por la voluntad de nuestro señor Jesucristo, que lo permitió, también nos trajo la fe y sirvió para fundar una vida cristiana más humana que, en tiempos prehistóricos, no estaba tan clara".[9]

Posteriormente, clausurada ya la Consulta, los indígenas manifestaron en sesión sin presencia de los Obispos y del equipo de religiosos, su más radical repudio, pues "¿Cómo es posible celebrar si lo que nos trajeron lo hicieron con un método violento. Nos quitaron todo, nos sacaron de la casa, nos patearon. ¿Cómo les voy a agradecer lo que nos hicieron? La verdad no nos trajeron nada, puesto que nada tenemos ni nos reconocen. Propongo no celebrar ni festejar los 500 años".[10]

Valga esta polémica como muestra de una problemática mayor, subyacente tanto ayer como hoy a lo largo y ancho del continente, y con la cautela que este tipo de problemas exige, tratemos de establecer algunas pautas de comparación y relievar similitudes entre el "discurso de ruptura" ejercida hoy por los indígenas a propósito del V Centenario y otras formas de "discurso de ruptura", que se hicieron presente a lo largo y ancho del continente durante estos últimos cinco siglos.

En esta forma aprovechamos un evento muy actual como vía o camino metodológico para rescatar, desentrañar y aclarar una forma de discurso que de modo recurrente ha aflorado en la experiencia y conciencia latinoamericana y que no parece exagerado afirmar ha caracterizado a nuestras formas de pensar, hasta determinar tal vez una nota muy propia o específica de "originalidad negativa" como rasgo distintivo del pensamiento latinoamericano.[11]

Por supuesto, en el corto espacio de una ponencia no se trata de llevar a cabo una exhaustiva investigación y menos aún exponer la solución de un problema, sino tan sólo de establecer algunas pistas o pautas que nos permitan debatir sobre una de las más ricas e importantes manifestaciones de la conciencia y autoconciencia americana: "el discurso de ruptura".

---

[9] *Ibid.*, p. 195.
[10] *Ibid.*, p. 198.
[11] *Cfr.* Arturo Andrés Roig, *Teoría y Crítica del Pensamiento Latinoamericano*, Fondo de Cultura Económica, Tierra Firme, México, 1981, p. 259.

Experiencia y discurso de ruptura

Para el efecto partamos de una primera aproximación, aún un tanto general. En la ya célebre obra: "Teoría y Crítica del Pensamiento Latinoamericano",[12] Arturo Andrés Roig se refiere a la "conciencia de ruptura" base del discurso de ruptura como "una conciencia caracterizable fundamentalmente por un estado emocional que ha sido codificado como sentimiento de 'frustración', 'decepción', 'destierro', 'desarraigo', 'exilio', 'expatriación', 'inferioridad', 'minusvaloración', etc., sentimientos todos que tendrían su origen en una 'experiencia de ruptura', experiencia que se asentaría en la facticidad dada, en el entramado de demandas de los diversos grupos que integran una sociedad determinada.

Sobre esta base también se levantaría el "universo discursivo" con múltiples facetas y manifestaciones, proceso de "reformulación" de las demandas de base que suele ejercerse fundamentalmente a través de las funciones de "integración" y "ruptura" que cumple el discurso al intentar expresar una determinada realidad social. A su vez, a partir de este sistema binario de funciones también se organizaría la función de "legitimación" y sobre cuyo desarrollo, tan importante papel ha sabido cumplir tanto la filosofía como las ciencias en general.

Por otra parte, cabe resaltar que no siempre las "experiencias de ruptura" han logrado ser expresadas o canalizadas a nivel discursivo, y en más de un caso la elaboración teórica ha procedido menos de quien padece directamente situaciones extremas, que de quien vive esas mismas experiencias como sujeto que tiene responsabilidad en el proceso, tal como lo ejemplifica el "indigenismo" de comienzos y mediados de siglo, que tan sólo en las últimas décadas ha comenzado a ser superado por el "indianismo" contemporáneo. Por todo lo cual conviene distinguir entre una "conciencia de ruptura espontánea" y una "conciencia culposa", muy propia esta última de las élites herodeanas, que se alinean a favor de las relaciones de poder externo, en desmedro de los intereses nacionales. La identificación con parámetros y modelos externos reforzaría en el ideólogo nativo su "sentimiento de expatriación" y, a decir del Profr. Leopoldo Zea, su "complejo de bastardía", "expreso en el afán inútil por ser distinto de lo que se

---

[12] De especial utilidad nos ha sido el cap. XIV: "La conciencia americana" y su "experiencia de ruptura", y si bien el Prof. Roig no es responsable en modo alguno de las reformulaciones que se han dado a su planteamiento, no obstante debo a su trabajo más sugerencias de las que he podido indicar mediante las notas referenciales específicas.

es; por ser otro, renunciando a lo que es por sí mismo. Viendo lo propio como inferior a aquello que le es extraño y del que sólo se considera, eco y sombra (...) Eco y sombra de un mundo y una cultura en cuya hechura no ha participado pero en la que quisiera participar reproduciendo simplemente sus modelos. Es el afán por sobreponer al pasado propio, por indigno, un modelo extraño pero que considera digno, el que dará origen a una, también extraordinaria y complicada filosofía de la historia".[13]

Frente a toda esta densa problemática, también conviene tomar en cuenta que el "discurso de ruptura", si bien es un hecho universal, presente aún en aquellos países, grupos o individuos que disfrutan de un privilegiado desarrollo económico o industrial; ella se hace presente y envuelve especialmente a los sujetos históricos más depauperados y desprotegidos que han comenzado a ejercer la autoafirmación de sí mismos como valiosos y a entenderse como actores de su hacerse y de su gestarse. A nivel de pueblos, especialmente en los países "dependientes", por cuanto la situación de dominación ha sido constante, la conciencia de ruptura ha sabido expresarse a través de la polémica: dependencia-independencia, ya sea del orden colonial, neo-colonial o imperial hasta transformarse, por ejemplo, en uno de los motores constantes del proceso cultural, particularmente del pensamiento social latinoamericano.

Además, la "experiencia de ruptura" al igual que la "conciencia de ruptura", dado su mismo centenario historial, no son fenómenos de carácter unívoco, por lo cual es imprescindible reconocer modalidades y especialmente los diversos sujetos en los cuales ella se manifiesta. Así, por ejemplo, una fue la "conciencia de ruptura" de determinadas etnias ante el hecho de la destrucción violenta de sus culturas en la etapa primera de la conquista y otra es hoy en día la conciencia de ruptura de las comunidades indígenas ante los nuevos y sofisticados fenómenos de transnacionalización de la cultura y de la economía que afectan su hábitat; igualmente, una fue la conciencia de ruptura del inmigrante europeo, desplazado hacia América en cuanto excedente de la población y producción de su región a finales del siglo *XIX* e inicios del *XX*, y otra es la conciencia de ruptura que se genera como efecto de la sustracción del producto del trabajo dentro de los modernos y complejos sistemas de explotación industrial e incluso ya en algunas áreas post-industriales.[14]

---

[13] Leopoldo Zea, "América Latina: largo viaje hacia sí misma", Cuadernos de Cultura Latinoamericana, no. 18, Universidad Nacional Autónoma de México, México, 1987, pp. 6-7.
[14] *Cfr*. Arturo Andrés Roig, *op. cit.*, pp. 261 y ss.

En todos estos casos, ignorar la existencia de la diversidad y riqueza de las formas de conciencia rupturales, tanto desde el punto de vista social como cultural empobrecería la comprensión de tan importante fenómeno y conduciría a la incorrecta valoración de una de las formas de discurso de más amplia vigencia entre nosotros.

Finalmente, y como ya lo demostrara Hegel en su Fenomenología del Espíritu, a propósito de la "independencia y sujeción de la autoconciencia",[15] ésta deviene en verdadera conciencia independiente por la mediación no tanto del "amo" sino más bien del "esclavo", al realizar éste a plenitud lo contrario de lo que de un modo inmediato es. En palabras de uno de los comentaristas clásicos de la dialéctica del amo y del esclavo, este último, "al transformar el Mundo mediante el trabajo, se transforma a sí mismo y genera así las condiciones objetivas nuevas que le permiten retomar la Lucha Liberadora para el reconocimiento que rehusó en el comienzo por temor de la muerte. Y así es que en conclusión, todo trabajo servil realiza no la voluntad del amo, sino aquella –inconsciente en su origen– del Esclavo que, por fin, triunfa allá donde al amo, necesariamente fracasa. Es sin duda la conciencia en un principio servidor y servil la que realiza y revela en última instancia el ideal de la Autoconciencia autónoma, y que expresa así su verdad".[16]

En las últimas décadas, a nivel de pueblos, la Teoría de la Dependencia, ha vuelto a confirmar que las explicaciones y la superación de los hechos sociales y culturales descansa más que en cuestiones de "Mentalidad" o de "moral social" o de "determinismo geográfico", como lo difundió la psicología de los pueblos y el positivismo del siglo *XIX*, en problemas centrados en la producción y en clara relación con el desarrollo de los imperialismos.

Estas raíces "materiales" del problema de la "conciencia de ruptura", también, como lo ha sabido mostrar el Prof. Rodolfo Agoglia, –revelan que en ella se entrecruzan al menos dos dimensiones: "una de naturaleza epistemológica y otra de carácter práctico; una ligada a la historia o desarrollo de la conciencia y el conocimiento, y otra al devenir de la libertad y a las conquistas sucesivas que el hombre ha ido logrando en el plano práctico y productivo, vale decir, político, social y económico. Dimensiones, por otra parte, perfectamente discernibles, aunque, a la vez, com-

---

[15] *Cfr.* G.W.F. Hegel, *Fenomenología del Espíritu*, Fondo de Cultura Económica, México, 1966, pp. 113 y ss.
[16] Alexandre Kojeve, *La dialéctica del amo y del esclavo en Hegel*, Ed. La Pléyade, Buenos Aires, Argentina, 1971, p. 38.

plementarias e integrables. Los dos cursos o itinerarios, el camino del saber y el camino de la libertad; el devenir de la razón y el de la voluntad; configuran, por esto mismo, las dos experiencias capitales del hombre: la experiencia de la conciencia (subjetiva), y la experiencia histórica propiamente dicha (objetiva).[17]

Mas en el a veces largo y azaroso viaje de la conciencia y de los pueblos hacia sí mismos, no exento necesariamente de tropiezos y dificultades, dos momentos de posible desvío o "disvarío de la conciencia" suelen hacerse presentes, momentos que hoy en día más de un autor juzga que alimentan y determinan la "conciencia indígena de ruptura", empañando de este modo su proceso de liberación.

Precisamente los programas de resistencia y de protesta contra la celebración del V Centenario, parecerían, avalar según algunos, la creencia de que el indígena se debate en posiciones cercanas al escepticismo y el estoicismo, extremos que privilegian una relación "principista" con la realidad, retrotraen a la persona a la "pura universalidad del pensamiento" y a la "crítica abstracta" y terminan por aislarlo –solipsismo– hasta el punto de suscitar, paradójicamente, al individualismo como fórmula de defensa contra la realidad circundante. En síntesis, hoy en día se habrían exacerbado los sentimientos de aislamiento e impotencia frente a los retos sociales, económicos o políticos de una realidad por demás opresiva, y se habría agudizado la "soledad" y la reclusión como forma de resistencia a la opresión exterior, con todo lo cual más que enfrentar, resistir o transformar eficazmente la realidad lo que se hace es diluir la fuerza ínsita a la "conciencia de ruptura".[18]

Conciencia americana y discurso de ruptura

A partir de esta sucinta caracterización la "conciencia de ruptura" y sus más sobresalientes problemáticas, es hora ya de examinar algunos momentos y situaciones en que el discurso de ruptura se ha manifestado con claridad a lo largo de nuestro devenir histórico.

Sin lugar a dudas, como formulación inicial habría que destacar, siguiendo los aportes de Miguel León-Portilla, a un momento por regla general "olvidado", el de la filosofía pre-hispánica. "Entre las categorías cosmológicas, dice nuestro autor, más o menos latentes en la antigua imagen tolteca del universo, están la necesidad de

---

[17] *Cfr.* Rodolfo Agoglia, *Significado histórico de la teoría del derecho de Hegel*, Universidad Católica del Ecuador, Quito, 1981, p. 8.
[18] *Cfr.* Varios autores, *Historia de la filosofía. La filosofía griega*, Ed. Siglo XXI, México, 1972, p. 267 y ss.

explicación universal, la periodización del mundo en edades o ciclos (...) el concepto de lucha como molde para pensar el acaecer cósmico. En este universo, donde los dioses crean y destruyen, han nacido los hombres con la amenaza de la muerte y de un cataclismo que puede poner fin a la edad presente, al actual sol de movimiento. (...) Tierra del color negro y rojo (Tlilan, Tlapalan), el lugar del saber, más allá de la muerte y de la destrucción de los soles y los mundos".[19]

Un segundo estadio de nuestro "discurso de ruptura" toca situar en el momento del enfrentamiento de las altas culturas indias con la cultura hispana a inicios de la Conquista y que produjo en diferentes áreas una expresión escrita que ha sido ya reconocida como "literatura indígena de ruptura". Así, por ejemplo, acaloradas fueron las discusiones entre Antonio de Montesinos, Bernardino de Sahagún, Bartolomé de las Casas,... y los Ginés de Sepúlveda, Enrique de Sousa, Juan López de Palacios y más conquistadores, acerca de si las bestezuelas halladas por ellos en las lejanas Indias tenían "ánima inmortal" o eran "bruta animalia", como sostenía el sabio de Salamanca y sus corifeos.[20] El enfrentamiento cultural gravitó en forma especial en relación a las lenguas vernáculas, problemática alrededor de la cual se dieron cita al menos dos posiciones, una de reconocimiento del valor de las lenguas nativas, proclive a la aceptación del pluralismo lingüístico, y otra, dado su espíritu dogmático e intransigente, más bien de defensa y valoración del castellano como lengua imperial. Situación similar atravesaron las artesanías y arte indígena, y dentro de un espíritu de valoración Solórzano Pereira recordaba a los españoles de las Indias que el filósofo escita Anacarsis, les había hecho notar a los atenientes que si no despreciaban los jejidos que hacían los bárbaros con sus manos, no había razón para despreciar sus lenguajes. Dentro de este mismo espíritu, en Ecuador, el franciscano Fray Jodoco Ricke organizó un centro de enseñanza en donde las artesanías, la pintura y la escultura indígenas fueron cultivadas. Con los inicios de una cultura literaria quichua, incluso se llegó a conformar un colegio destinado particularmente a los hijos de caciques, se enseñó a leer y escribir castellano y quichua y los mismos indí-

---

[19] *Cfr.* Miguel León Portilla, "El Pensamiento Prehispánico", en: *Estudios de Historia de la Filosofía en México*, Universidad Nacional Autónoma de México, México, 1985, p. 25.
[20] Benjamín Carrión, "Raíz e itinerario de la cultura latinoamericana", *Cuadernos de Cultura Latinoamericana*, no. 59, Universidad Nacional Autónoma de México, México, 1979, p. 12.

genas fueron incorporados como docentes e impartieron la enseñanza en su propia lengua vernácula.[21]

De este modo dio inicio una forma de hetero-conocimiento de la humanidad de los indígenas, que se apoyó a su vez en el reclamo por la conservación de las formas de vida de la población conquistada, al menos por parte de algunos sectores, y cabe destacar que la importancia que aquellos pioneros del indigenismo asignaron ya sea a su lenguaje o a su artesanía supuso una valoración, en bloque, de cultura aborigen, dentro de la cual el lenguaje no podía menos que ser visto como una de las manifestaciones más importantes.

Posteriormente más bien fue ganando terreno, hasta imponerse, no sólo la política de minusvaloración cultural de los indígenas sino los mismos procesos de conquista, genocidio y etnocidio. El exterminio de la población aborigen significó en aquellas décadas una hecatombe demográfica casi sin paralelo en la historia humana y generalizó la práctica del filicidio, como así mismo del suicidio y del repliegue a las zonas inhóspitas de refugio como último mecanismo de sobrevivencia; expresiones dramáticas, cada una de ellas, de una "experiencia de ruptura" que no encontraba otra salida que la "autodestrucción". Los datos estadísticos al respecto superan toda imaginación.[22]

El largo proceso de destrucción cultural repercutió, como es obvio, en la "memoria histórica" de los pueblos indígenas, que una vez sacrificados sus últimos sabios quedaron "sin voz" y por eso mismo incapaces de historiar su pasado más allá de una débil tradición oral. En el área de la lingüística la distancia entre el quichua y el castellano se hizo cada vez mayor, reduciéndose el ámbito de ejercicio del primero a lo más a la "vida privada" y expulsándolo del campo de la educación y otras áreas de la realidad. Dentro de este espíritu se procedió también a adoptar disposiciones legales que acabaron por extinguir la cátedra de quichua de las universidades. El ecuatoriano Juan León Mera, a mediados del siglo *XIX*, por 1869, refiriéndose a este proceso, decía: "El poder exterminador de la conquista arrancó de raíz el genio poético de los indios, y en su lugar hizo surgir de los abismos el espectro de la desolación y del espanto (...) Si en sentir de los dominadores españoles la inteligencia de sus víctimas no debía ocuparse ni en

---

[21] *Cfr.* Arturo Andrés Roig, "Conciencia Lingüística y Nacionalidad", no. II, Suplemento cultural diario *El Comercio*, 10 de octubre 1982.
[22] *Cfr.* Arturo Andrés Roig, *Teoría y Crítica del Pensamiento Latinoamericano*, p. 266.

relatar en prosa los acontecimientos pasados, menos podrían haber consentido en que se aproximasen al Parnaso: alta y noble empresa sólo buena para los amos, aunque fuesen unos topos, no para los esclavos, por despabilado que tuviesen el entendimiento".[23]

Superada la fase de exterminio y avanzada la consolidación del sistema colonial y pese a los esfuerzos hechos por borrar la presencia indígena, el "discurso de ruptura" no amainó, si bien optó por una *sui generis* forma de sobrevivencia a través del "mestizaje cultural". La yuxtaposición cultural adquirió mil rostros, mas todos en parte reacción a una situación de dominación y en parte adaptación y expresión de la aspiración a los "adelantos" de que eran portadores los conquistadores. El barroco latinoamericano generalmente ha sido considerado como la mejor expresión de este estadio, que descartó un mestizaje de tipo asuntivo, en parte por la misma fuerza que la dominación cultural supo implementar en su pretendido afán "civilizador" sobre la "barbarie", para transitar más bien por una superposición en la que subsistía una cosmovisión cultural junto a la otra. El estudioso guatemalteco del arte ecuatoriano Mario Monteforte al respecto decía: "El barroco se aclimata con facilidad en el Ecuador y se compadece con el genio decorativo y frondoso del aborigen; de ahí que haya podido desarrollarse con bastante libertad y acoplar como vernáculos módulos artísticos extraños. Tal parecería que la relación amor/odio entre las etnias y sus culturas estallara en una especie de orgasmo de las formas; la exuberancia sería llevada a tal extremo que a veces produce la ilusión de que el ornamento ha transformado hasta la arquitectura". (...) El barroco admitió siempre todas las influencias, todas las fuerzas desencadenadas que emitían los grupos étnicos, las clases y hasta las nacionalidades emergentes".[24]

Con el advenimiento de la Independencia y la República, el "discurso de ruptura" además de pasar de un primer momento de esplendor apogeo a uno de disminución en su ímpetu, vio diversificarse los sujetos y las modalidades de su desarrollo. Por un lado se hicieron presente formas de resistencia a la dominación colonial de parte de la "conciencia criolla" que muy pronto entró en contradicción radical con los intereses de la metrópoli, e incluso, una vez conquistada la independencia política, dio los primeros balbuceos de lo que habría de conocerse como la "segunda independencia" o "emancipación mental", palabras con que bautizaron

---

[23] *Cfr.* Juan León Mera, *Ojeada histórico-crítica sobre la poesía ecuatoriana*, cap. I: "Indagaciones sobre la poesía quichua".

[24] *Cfr.* Mario Monteforte, *Los signos del hombre*, Ed. Universidad Católica del Ecuador, Sede en Cuenca, Quito, 1985, pp. 105-106.

los pensadores latinoamericanos de inicios de la vida republicana a la liberación cultural que reclamaban para sus pueblos. Por otro, y junto al "criollo" comenzó a abrirse paso un nuevo género de dominados, pues a partir de las guerras de independencia, si bien surgió una clase criolla que luego de liquidar a la aristocracia peninsular heredó su poder, esas mismas guerras también despertaron el nivel de presencia de otros grupos sociales o estratos bajos de la sociedad: mestizos, esclavos liberados, soldados, burócratas de tercera, campesinos, las más de las veces carne de cañón de los ejércitos,...que cada vez prestaban mayor resistencia. "El estado de América, decía el maestro del Libertador, no es el de la Independencia, sino de una suspensión de armas (...). Por poco que se observe la dirección que van tomando los negocios públicos en América, se advertirán muchas impropiedades, que arguyen un principio de desorden".[25]

América Latina concluyó esta fase, irreconocible a primera vista en su unidad y diversidad y en las múltiples manifestaciones de su conciencia dada la fragmentación generalizada que produjo una serie de tendencias, fronteras y espectativas si no contradictorias al menos encontradas entre sí, y cuya vigencia se prolongó a todo lo largo del *XIX*. Estas tendencias encontradas pusieron de manifiesto un régimen de antagonismos, perceptible en el conflicto liberal-conservador y en la copiosa literatura de ruptura del diecinueve.

Por otra parte, superada la fase crítica de la revolución, en la batalla por exterminar la larga noche colonial, emergieron dos proyectos alternativos: por el uno bregaron quienes querían sostener el orden tradicional y pretendían cambiar tan sólo a las cabezas y usufructuarios del antiguo régimen por los nuevos herederos o lugartenientes "criollos"; por el otro, quienes nada querían saber del pasado y se inclinaban más bien hacia nuevas experiencias, de las que daban ejemplo en aquel entonces algunos países europeos, convertidos una vez más en el norte a imitar por el resto del mundo. En palabras de Leopoldo Zea: "Y así como los conquistadores y colonizadores íberos, trataron de soterrar las viejas culturas indígenas, yuxtaponiendo las propias; los "civilizadores" latinoamericanos tratarán de enterrar el pasado colonial, la cultura hispánica y la indígena, así como el mestizaje a que dio origen la Colonia. Se intentaba una nueva yuxtaposición, imitándose ahora los modelos culturales de la Europa occidental, tanto las instituciones políticas sajonas, como las expresiones de la literatura y filosofía de

---

[25] Simón Rodríguez, *Obras Completas*, Ed. Universidad Simón Rodríguez, tomo I, Caracas, 1975, pp. 272-273.

la cultura de Francia. De igual manera se tomarán las expresiones a que diera origen la Democracia de los Estados Unidos (...). Ser como Inglaterra, Francia y los Estados Unidos serán las metas del proyecto "civilizador, y, como consecuencia anular el propio pasado, considerándolo impropio".[26]

El gran ausente del debate continuó siendo el indio y el mestizo, a quienes, en los países en que se generó el mito de la "europeización" se eliminó físicamente y en los otros se relegó a las regiones más pobres y alejadas del "progreso", especialmente a los suburbios miserables de las grandes ciudades, en medio de llamados a que se sumen al "progreso". El Consejo de Ministros del primer gobierno liberal ecuatoriano, en agosto de 1895, a pocos días del ascenso al solio presidencial del Viejo Luchador: Eloy Alfaro, manifestaba: "Que en la campaña por la honra Nacional los indios han prestado grandes servicios al Ejército Libertador, demostrando así que están dispuestos a adoptar las prácticas de la civilización moderna".[27]

Avanzado el siglo *XIX* y el proceso de consolidación de los estados-nacionales, se produjo una nueva eclosión de contradicciones y formas de discurso, pero en esta ocasión con signo invertido la más de las veces. Así, por ejemplo, el "campo" comenzó a dejar de ser visto sólo como el lugar de la "barbarie" y el "atraso", y en más de un autor se pasó a vislumbrar en él las notas "esenciales" de la nacionalidad y a depositar en ellas la esperanza de nuestra identidad. En líneas generales el "nativismo", el "criollismo", el "indigenismo" y aún el "telurismo" fueron diversas manifestaciones ideológicas relacionadas con este despertar valorativo de lo "americano", característico de los movimientos de tipo nacionalista. También se podría aún señalar otras contradicciones y sus correspondientes expresiones a nivel del pensamiento. Se habló de la oposición entre campo y ciudad, modernización y tradición, clericalismo y secularización, litoral interior, burguesía y proletariado, ...tendencias a su vez apoyadas o criticadas por el pensamiento conservador o el liberal; e incluso se hicieron presente hacia finales del siglo movimientos anarquistas, socialistas e ideologías mesiánicas y utópicas, sin haber dejado de faltar corrientes de pensamiento que afincaron sus esperanzas en el choque de razas, geografías y culturas, varias de las cuales terminaron en simplificaciones de carácter telúrico o caractereológico perceptibles en la literatura de todo el *XIX*.

---

[26] Leopoldo Zea, *op. cit.*, p. 14.
[27] Consejo de Ministros Encargados del Poder Ejecutivo, Archivo Nacional de Historia, sección Cuenca, c. 12-556, Gobierno y Adm.

En síntesis, el siglo *XIX* ofrece un vasto y encontrado panorama de concepciones sobre los factores que habrían de conducir o sustentar el proceso de identidad y diversidad de la conciencia latinoamericana, unida por la religión, el idioma, la sangre, el pasado y los retos hacia el futuro, pero desintegrada por las fronteras, los diferentes niveles de desarrollo que fueron alcanzando sus regiones y otras circunstancias y aspiraciones, todo lo cual parecía reflejar, a una primera impresión, un cuadro un tanto caótico o desarticulado o al menos la existencia de un sistema dual de explicación: por una parte, una corriente homogenizadora, que resaltaba en medio de los más diversos fenómenos un común denominador de integración; por otra, se rechazaba esa pretendida unidad para subrayar más bien las rupturas y la heterogeneidad que América Latina guardaba en su seno. (Función de integración y función de ruptura del discurso).

Grandezas y amenazas del presente

Sin suspender, parafraseando a Abelardo Villegas, la consideración crítica del pasado y sin haber pretendido agotar los momentos y situaciones en que el "discurso de ruptura" se hizo presente en nuestro trajinar histórico, es hora ya de analizar lo que está o puede estar ocurriendo, tomando en cuenta especialmente el horizonte de una civilización mundial o transnacional, cuya expansión atravesó nuestras puertas hace ya mucho tiempo.[28] En otras palabras, no hay que contentarse con rastrear el pasado, insoslayable es trabajar por precisar el futuro, reto éste siempre urgente, dado que el proceso de desarrollo de la conciencia e identidad colectiva, particularmente de su conciencia de ruptura, sea esta vista desde una perspectiva individual o social, es algo que se mantiene pero que también se transforma y que en su evolución una sociedad puede malograr e incluso perder como también incrementar o robustecer.

Retomando el tema de el "discurso de ruptura" en el discurso indígena, sujeto sobre el cual hemos querido concentrar el análisis, no deja de llamar la atención hoy en día su nivel de repulsa e incluso de rechazo radical al V Centenario, visto como "la llegada de los europeos y la destrucción y aniquilamiento de su mundo material y espiritual".[29]

---

[28] *Cfr.* Abelardo Villegas, "Cultura y Política en Latinoamérica", *Cuadernos de Cultura Latinoamericana*, no. 24, Universidad Nacional Autónoma de México, México, 1978, p. 16.
[29] *Cfr.* Ileana Almeida, *op. cit.*

Para mejor comprensión de esta posición examinemos algunas notas sobresalientes del actual discurso indígena de ruptura, que en algunas de sus manifestaciones ejerce una crítica absoluta, un "gran rechazo", incluso contra las alternativas que enfocan la conmemoración del descubrimiento o encubrimiento de América como tarea de conjunción o integración de "dos mundos", cuyos pueblos y culturas a la distancia de cinco siglos por fin estarían en capacidad de establecer, por vez primera, relaciones de solidaridad y no ya de dependencia y dominación.

En primer lugar es necesario observar el "desplazamiento" del sujeto del discurso. Mientras a mediados de siglo (1940, México, Primer Congreso Indigenista Interamericano), el mensaje o discurso indigenista no fue conducido directamente por los mismos indígenas, en las últimas décadas (1974, Bolivia, Primer Parlamento Indio Latinoamericano), se inicia un giro copernicano y es el indígena quien aporta sus banderas sin necesidad de intermediación alguna. Lo indígena deja de ser tema de antropólogos, etnólogos, de algunos cientistas sociales o de pintores, novelistas y escultores ("indigenismo") para pasar a ser asumido por los mismos indígenas ("indianismo").

El nacimiento o emergencia de este nuevo Sujeto, con mayúsculas y con los problemas teóricos y prácticos que su autoafirmación conlleva, ha generado ya múltiples encuentros y desencuentros:

> Por ejemplo, ha puesto sobre el tapete de la discusión el repudio, a veces radical, a un sistema que obstaculiza de modo permanente y de mil maneras su proceso de liberación. En la "Declaración del movimiento indígena de Colombia" se califica al 12 de octubre de 1492 como "día nefasto" para todos los pueblos indígenas "pues a partir de allí se puso en marcha una conquista violenta y una evangelización forzada, cuyo impacto sigue percibiéndose hoy en día".[30] Este acontecimiento, además, pretendería ocultar el genocidio, etnocidio, explotación y humillación a que tanto ayer como hoy son sometidas las poblaciones aborígenes del continente. En pocas palabras, se alimenta la idea de que el sistema vigente no puede crear las condiciones de solución de los problemas, y por ende, como decía Franz Fanon: "Por Europa, por nosotros mismos y por la humanidad, (...) hay que cambiar de piel, desarrollar un pensamiento nuevo, tratar de crear un hombre nuevo".[31]

---

[30] Movimiento indígena de Colombia, "Campaña de Auto-descubrimiento",... p. 1.
[31] Franz Fanon, *Los condenados de la tierra*, Fondo de Cultura Económica, México, 1965, p. 292.

- Por otra parte, el nuevo Sujeto Histórico ha forzado a abrir las puertas y los canales de "reconocimiento" y "participación" sin parangón con experiencias pasadas, al menos en el Ecuador. Hoy el indígena, en la gran batalla por su reconocimiento despliega su presencia y actividad en mil frentes. Sólo el programa nacional "500 años de resistencia india" ha dado pie a un sinnúmero de debates en radio, prensa y televisión; ha impulsado proyectos de promoción, capacitación y difusión de la problemática indígena; ha desarrollado programas de estudio e investigación científica, y ha coadyuvado en definitiva al "rescate" de la memoria indígena a través de publicaciones, seminarios y encuentros de carácter local, regional, nacional e incluso internacional.[32]
- Aspecto también importante en la constitución del nuevo sujeto histórico es el desarrollo de su auto-conciencia y auto-valoración. La riqueza de la descripción hegeliana de la conciencia, particularmente de la figura del Amo y Esclavo a que ya hemos hecho alusión, al igual que el mito de Calibán que reformulara el cubano Roberto Fernández Retamar,[33] iluminan la faceta tanto individual como histórica y social de unos de los niveles más profundos del desarrollo de la persona humana, aquel por el cual el hombre, en este caso el indígena, se va constituyendo en Sujeto a pesar de los obstáculos que se levantan para impedir la autoafirmación de sí mismo como valioso y como actor de su propio hacerse y gestarse.
- Además, el nacimiento de un nuevo Sujeto Histórico ha permitido reemplazar a los "apóstoles" del indigenismo de los años cuarenta y pasar a ejercer la defensa indígena pero a partir de las propias potencialidades, especialmente a través de las organizaciones campesinas que se han reduplicado en los últimos años y reclaman sus legítimos derechos frente a todo tipo de injusticias y vejaciones, amparadas más que en los títulos o el poder de sus "protectores" en el peso específico de su propia dinamia y las bases de racionalidad y solidaridad de su propio proyecto.
- Por último, también marca un cambio cualitativo la posición del indígena de cara a las mediaciones de la dominación: el idioma, la educación, la propiedad, la tierra, los instrumentos de trabajo, la política, etc., que le fueron impuestas o arrebatadas y que hoy le sirven tanto para "maldecir" al conquistador y dominador

---

[32] Confederación de Nacionalidades Indígenas del Ecuador, p. 14.
[33] Cfr. Roberto Fernández Retamar, *Calibán. Apuntes sobre la cultura de nuestra América*, México, 2a. ed., Diógenes, México, 1974.

como para asumir dichas armas pero en beneficio propio, cambiándoles previamente su función o signo valorativo tradicional.

En esta misma perspectiva, la importancia y la carga reiterativa que se confiere en el discurso indígena contemporáneo a los problemas de organización, apropiación de la tierra, trabajo, ...también revelan una orientación. Hoy las demandas indígenas privilegian las conquistas en el plano práctico y productivo, en las condiciones materiales, vale decir, económico, social o político sobre los llamados espiritualistas a los "principios" y a la educación, subsidiarios la más de las veces de concepciones moralizantes e idealistas.

En síntesis, un nuevo Sujeto Histórico ha hecho su entrada a la arena social, política, cultural, económica, ...con los efectos y trascendencias que este tipo de nacimientos suele generar en la historia.

En segundo lugar se observa un desplazamiento también en cuanto a los "contenidos" del discurso, y del reiterativo y desgastado esquema de los años treinta con el que se vio e interpretó, desde fuera, al indígena y las situaciones de explotación que éste padecía de cara a un gamonal explotador, un cura lujurioso y una autoridad presta a congraciarse con el "manda más" de turno, se ha pasado a una polifacética y renovadora gama temática, en la que el referente indio y las tesis de denuncia siguen en pie pero a partir de inéditos parámetros que reflejan no sólo el mundo de la explotación y humillación que le rodea sino también la fuerza de sus valores e interioridad. En "Por qué se fueron las garzas", del ecuatoriano Gustavo Alfredo Jácome, 1979, llama la atención una de sus críticas sobre la multiplicidad de problemáticas del protagonista, quien encarna la odisea de su existencia y la de su pueblo desde los más diversos frentes: "el aplastante conflicto racial, la dicotomía del indio y el mestizo y el blanco, sus primeras inquietudes de la pubertad, su enamoramiento platónico de una mestiza abrazada al desaire, sus inquietudes sensuales e incestuosas con su hermana Mila; la escuela, el colegio y por fin sus estudios en los Estados Unidos. Sus amoríos con las gringas, su matrimonio con Karen y su regreso a la 'Llacta' o tierra de origen. El conflicto con su familia, con su gente y con su propia esposa; el defensor de los derechos de los comarcanos; el investigador de la herencia incaica, el educador y por fin, el reencuentro consigo mismo o la ruptura con la sociedad moderna, según sea la interpretación que se de al clímax o desenlace".[34]

---

[34] *Cfr.* Antonio Sacoto, *La nueva novela ecuatoriana*, Casa de la Cultura Ecuatoriana, Quito, 1987, pp. 148-155.

En tercer lugar se presenta un desplazamiento en cuanto a los códigos de fundamentación o legitimación del discurso indígena, aspecto que nos parece fundamental pues ofrece las bases de una nueva teoría y praxis indígena. Mientras en el pasado, a partir de cánones paternalistas, románticos o clericales o liberales se ejercía la defensa lacrimosa del indígena, hoy las formas de legitimación sitúan al indígena como valioso por sí mismo, proceso de reconocimiento y autovaloración, tanto a nivel personal como comunitario que constituye también un giro copernicano. En otros términos, el indígena ha llevado a cabo desde sí mismo una trasmutación axiológica y de la consideración del indígena como un mero medio instrumental, reificado y convertido en instrumento a consecuencia de un sistema de dominación, se ha pasado al "reconocimiento" del indígena como fin en sí mismo y como valioso por sí mismo, restableciéndose en esta forma su valor originario e intrínseco al interior del sistema de relaciones humanas y sociales, aun cuando el antiguo orden se niegue todavía a efectuar por su parte tal reconocimiento.

Este proceso de auto-legitimación, unido a los momentos de identidad grupal y auto-identificación, además de abarcar las biografías personales y servir de condición de la identidad del individuo,[35] posibilita el enfrentamiento y el diálogo con los otros. "La conciencia de sí, decía un autor, no es cerrazón a la comunicación. La reflexión filosófica nos enseña, al contrario, que es su garantía. La conciencia nacional, que no es el nacionalismo, es la única que nos da dimensión internacional".[36]

En cuarto lugar, las formas de dominación también han cambiado y el indígena se ve abocado a enfrentar nuevos y sofisticados "enemigos", cada vez más impersonales. En Ecuador, sólo en una de sus provincias, la de Chimborazo, laboran 124 instituciones privadas de "apoyo" al campesino y hay comunidades "protegidas" por alrededor de 19 programas de "desarrollo". En la provincia de Imbabura operan aproximadamente 90 organizaciones, con un promedio de 8 por comunidad y en algunos anejos el número se eleva a 16. Las sectas religiosas que en 1984 no llegaban a 50 reconocidas y 30 en proceso de formación, hoy, en 1988, se han duplicado y se cuenta ya con más de 150 "ejércitos de salvación". Más de un campesino se pregunta: ¿Con tantos "amigos" para qué enemigos?

---

[35] *Cfr.* Jurgen Habermas, *La reconstrucción del materialismo histórico*, Ed. Taurus, Madrid, 1981, pp. 84 y ss.
[36] Franz Fanon, *op. cit.*, p. 266.

Los procesos de atomización y desmovilización a que da pábulo, consciente o inconscientemente, la "ayuda" extranjera, sólo tiene parangón con el crédito externo, que mientras más copiosamente se lo recibe mayores dificultades ocasiona. Refiriéndose a esta ayuda económica un campesino decía: "Si a los europeos les sobra el dinero, mejor que lo tiren al río; suficientes problemas tenemos ya como para añadir uno más a nuestras espaldas".

La dominación externa cobra dimensiones aún mayores de cara a la creciente expansión de la "racionalidad instrumental" que comienza a abarcar nuestro planeta en su totalidad y que lo controla cada vez más, aun desde posiciones extraterrestres, y además tiende a borrar las fronteras y a destruir los obstáculos nacionales que se interponen a su raudal paso. En otros términos, la sociedad post-industrial y trans-nacional pretende dictar las pautas de comportamiento a sectores básicos de nuestra sociedad, primordialmente a través de la ciencia y la tecnología, que ha pasado a constituir el horizonte mundial al que deberían arribar las culturas regionales y nacionales. Una vez más, pero bajo nueva careta, el mito del "progreso".[37]

En quinto lugar, se asiste al derrumbe del proyecto de integración nacional homogenizador, victorioso a lo largo del *XIX* y gran parte del siglo *XX* y que se concretó a través de políticas lingüísticas, culturales y educativas establecidas sobre y desde fuera de los grupos étnicos objeto de dichas políticas "civilizatorias", negando la participación de los mismos en su diseño y gestión, e ignorando las relaciones contextuales específicas en que cada grupo desarrollaba su vida social.[38]

El actual discurso de ruptura más bien plantea el reconocimiento de las diferencias culturales, históricas y étnicas mas no raciales, y la búsqueda de su superación pero a través de una "unidad" construida en base a las "diferencias", de una unidad levantada en el marco del respeto y valoración de lo multi-nacional y pluri-cultural. En la visión tradicional la unidad era de naturaleza indiferenciada y se ejercía por ende a través de la imposición o hegemonía étnica y cultural, como tambien política y económica de un grupo sobre otros, a quienes además se enseñaba y educaba bajo

---

[37] *Cfr.* Mi artículo: "Die kulturellen Werte im Spannungsfeld Zwischen regionaler Einheit und Globalisierungstendenzen: die Gefahren der Gegenwart", en: *Kultur-Identität-Kommunikation,* Eberhard Verlag, München, 1988.
[38] *Cfr.* Varios autores, *Educación, Etnias y Descolonización en América Latina,* México, UNESCO vol. 2, 1983, pp. XVII y ss.

una cosmovisión e interpretación parcial de la realidad y su historia.[39]

Conclusión

Para finalizar y aunque sea un lugar común, poco es lo que conocemos y lo que se ha investigado sobre el universo discursivo del indígena,[40] pues con excepción de la función y contenidos de "ruptura" en sus diversas concreciones: crítica, denuncia, censura, resistencia, rechazo,... que generalmente es lo que más llama la atención, aún permanecen en el "olvido" otras dimensiones y facetas de su mensaje, información además de escasa aún de difícil acceso.

Pese a esta falencia, el indio ha sobrevivido cerca de cinco siglos de dominación y explotación y ha logrado mantener sus rasgos culturales básicos y resolver sus problemas fundamentales en el reducido espacio de libertad que le dejaba la sociedad global.[41] Sin pecar de optimismo cabe afirmar que su "discurso de ruptura", que no es más que una de las caras del discurso y una de las manifestaciones de su lucha, fue uno de los recursos que más a mano tuvo para sobrevivir y que su bondad y fecundidad seguramente es mayor de lo que solemos suponer; a tal grado ha sido útil y fructífero este tipo de discurso que incluso la denuncia y crítica a la conmemoración del V Centenario, al igual que los programas nacionales de "resistencia india", más que como manifestaciones de "negatividad" pueden ser vistos como mediaciones cargadas de "positividad".

En efecto, aprovechando las organizaciones campesinas una ocasión singular, han logrado desarrollar la conciencia de que aunque son diversas etnias, son indios y como tales hermanos en la desgracia que supuso la Conquista. La conciencia o memoria de estos trágicos sucesos, tal vez les ha hecho estar más unidos, ser más solidarios frente a los problemas de las comunidades y etnias más desguarnecidas, como los Tsachiles, Salasacas, Chachis, Huaoranis,... Se ha comenzado así a superar la postura del simple re-

---

[39] *Cfr.* Mi artículo sobre uno de los máximos exponentes del indigenismo en el Ecuador, Pío Jaramillo Alvarado: "Blasones de Loja (Los fundamentos de una historia regional)", Fundación Nauman, Quito, 1988.

[40] Una Antología del pensamiento indigenista e indianista ecuatoriano ha elaborado Claudio Malo González, *Cfr. Pensamiento indigenista del Ecuador,* Banco Central del Ecuador y la Corporación Editora Nacional, vol. 34, (Biblioteca Básica del Pensamiento Ecuatoriano), Quito, 1988.

[41] *Cfr. Ibid.*, p. 86.

chazo para analizar los motivos de este, estudiar las propias culturas, revalorizarlas (proyecto de educación bilingüe inter-cultural, ley de nacionalidades indígenas,...) y conservarlas, a veces en forma dramática como es el caso del cercamiento de los territorios huaoranis, para detener al menos temporalmente a las compañías petroleras y a los "colonos". En definitiva, el rechazo también ha sido una forma de auto-valoración, de descubrimiento de lo propio y de unión de los diferentes pueblos indios y sus comunidades, para en el futuro, tal vez, sobre esta base inicial levantar "sueños" de mayor envergadura.

MESTIZACIÓN RACIAL Y CULTURAL

IV

IDENTIDAD, AMPLITUD Y PLENITUD DEL MESTIZAJE EN HISPANOAMÉRICA

Juan Antonio Ortega y Medina
México

Escribía Alfonso Reyes el penúltimo día del año de 1941, con motivo de la presentación del primer número de *Cuadernos Americanos* y refiriéndose a lo que el llamó "nuestra magna herencia ibérica", que ésta representa para nosotros "un don de la historia". "Podría en rigor prescindirse –prosigue Reyes– de algunos orbes culturales de Europa que no han hecho más que prolongar las grandes líneas de la sensibilidad o del pensamiento. De lo ibérico no podría prescindirse sin una espantosa mutilación. De suerte que lo ibérico tiene en sí un valor universal... Lo ibérico es una representación del mundo y del hombre, una estimación de la vida y de la muerte fatigosamente elaboradas por el pueblo más fecundo de que queda noticia. Tal es nuestra magna herencia ibérica".

Pero no se queda aquí Reyes, va más allá de esta exhortación y como hombre representativo hispanoamericano, consciente de la realidad cultural y biológica de nuestra América mestiza, tiene en cuenta las "tradiciones autóctonas", ante las cuales nos corresponde a todos "el incorporar a inmensas masas humanas en el repertorio del hombre, y distinguir finalmente lo que en tales tradiciones hay de vivo y de perecedero, de útil y hermoso y de feo e inútil. Pues no todo lo que ha existido funda verdadera tradición, y los errores, tanteos y azares de la naturaleza y de la historia no merecen necesariamente el acatamiento del espíritu".

En verdad, la conciencia iberoamericana de la que es portavoz nuestro humanista mexicano, hombre liberal del siglo XX, difiere extremadamente de la que hacían gala con celo patriótico renovador nuestros liberales decimononos, en su mayor parte deseosos de desembarazarse del lastre fatal de su tradición española, y empeñados con santa furia e indomeñable energía en borrar las huellas de tan aciaga herencia.

Domingo Faustino Sarmiento, argentino liberal del siglo XIX, paradigma del descontento consigo mismo, quien estaba decidido, no como el personaje del cuento en recuperar su sombra, sino en perderla, plantea la disyuntiva trágica para la América española de erradicar la barbarie y optar por la civilización. Como es sabido, él se decide por la ablación de ésta; es decir, por el rechazo total del mestizaje o bastarda amalgama de indios, españoles y negros; mezcla marginal y espúrea, sin porvenir histórico, que representaba un serio obstáculo para el progreso, para la civilización. Esta misma convicción había prendido en el ya desalentado Bolívar de octubre de 1830, cuando en carta al general Rafael Urdaneta se muestra pesimista y sin esperanza redentora para la masa popular bárbara, marginada. El gran proyecto de la comunidad universal formada por las diversas razas postulado por él en el Discurso de la Angostura y en la Carta de Jamaica había sido simplemente un sueño.

En el fondo la desilusión tiene su asiento en la negación de la identidad plural, mestiza, porque esta última se engaña a sí misma al negar la mezcla racial que la originó. José Martí parte antes bien de la realidad del mestizaje de Hispanoamérica para entender y dar a entender que precisamente en éste se halla la clave que nos ha de permitir legitimar con orgullo nuestro ser. No niega lo español, tampoco lo indio ni lo negro, y en su sangre generosa derramada en auras de la independencia mental y de la libertad de su patria cubana se concilian todas las razas, se disuelven todos los antiguos y nuevos rencores, odios y exclusiones. De este modo el héroe cubano, hijo de españoles, al poner en primer término la conciencia de este mestizaje lo que hace es considerarlo como condición esencial para nuestra autenticidad.

Nuestro filósofo e historiador José Vasconcelos, al inventar el lema que orla el escudo de la renacida Universidad Nacional ("Por mi Raza hablará el Espíritu") sintetizaba filosófica y simbólicamente la tesis de la superioridad espiritual del iberoamericano sobre su victorioso oponente histórico, el pragmático anglosajón; pero aludía además a esa raza cósmica o iberoamericana, que se inicia con la conquista española, la cual da paso a la unidad y síntesis de todos los pueblos mediante el mestizaje. Vasconcelos se propone convertir en dogma lo que él llama "la unidad racial de los hispanos"; es a saber, de todos los iberoamericanos, para que recobren la fe en ellos mismos, en su futuro destino, los que habían olvidado o renegado de sus orígenes (el de pertenecer a la raza hispanoamericana) a causa de su superficialidad cultural, a causa, sobre todo, de la propaganda anti-española manipulada desde dentro y fuera para separarnos, y a causa también de una ideología maliciosa que intenta divorciar al indio, al indoamericano, de lo hispánico, de la latinidad. Latinidad quiere decir para

Vasconcelos "comunidad de razas diversas en un mismo ideal levantada": asimilación de todas las sangres, de todos los colores de piel, superándose todos y cada uno en un tipo superior nuevo, totalitario y cósmico.

Hoy también, como en la época de Vasconcelos, suenan airadas voces discordantes de un falso indianismo rabioso y reivindicativo que actualiza de nuevo la vieja leyenda negra, que se alimenta material y espiritualmente de las ayudas foráneas, y plantea en primer término los antiguos agravios. Se recrudecen los odios, se perfilan represalias y desde la Europa nórdica y protestante así como de la Norte América puritana e imperialista se atiza la hoguera de descontento, se ayuda a la fragmentación y el trasgo de la discordia y de la desunión hacen día con día más difícil la unidad de acción y de pensamiento de la América española. Lo que realmente se cuestiona en este caso es la legitimidad de las naciones mestizas cuando se ataca y, pues, degrada el vínculo entitativo de todas ellas: lo hispánico. Se proclama así, ya abiertamente, un nuevo racismo de tipo neoindigenista, excluyente como todo racismo, que invita a la disgregación, que rechaza los beneficios incalculables de la amalgamación racial y cultural, y nos condena por consiguiente a todos y a cada uno a un sempiterno tercermundismo. ¿A quién o a quiénes, preguntémonos, pueden beneficiar tales sinrazones? Bien considerado el asunto sólo a los temerosos y decididos oponentes de la posible futura unidad de la América indoespañola.

Una sospechosa voz crítica germánica, la del historiador alemán Urs Bitterly, en su obra titulada *Die 'Wilden' und die 'Zivilizierten* (1976) se refiere a lo que él llama el problema de la pugna entre pueblos con cultura y formas de vida muy dispares, y el esfuerzo por superar intelectualmente los inevitables choques e incomprensiones, o "tensiones internas", como las llama el autor, derivadas de tales contactos y enfrentamientos culturales. Se trata de examinar la forma en que los europeos respondieron a este desafío. En el análisis aculturativo de Bitterly, éste ha eliminado fenómenos sociales que no se acomodaban al modelo crítico forjado imagológicamente por el historiador y sociólogo alemán; tal, por ejemplo, el fecundo proceso de mestizaje producido en la América ibérica.

Fue Mao Tse-Tung, el gran dirigente e ideólogo chino, que liberó a su enorme país de la explotación colonial capitalista y de un letargo de siglos, convirtiéndolo en potencia mundial, el que con motivo de una visita oficial del entonces presidente mexicano Lic. Adolfo López Mateos, a China, le manifestó a éste, no sin admiración y beneplácito, que fueron los hombres ibéricos de la vieja piel de toro los únicos europeos que en su estrecho contacto con pueblos y culturas indígenas dieron lugar en la América media y del sur a la aparición y presencia histórica de una nueva raza de hombre y de una peculiar cultura: la mestiza. Como manifiesta Roberto Fernández Retamar, escritor cubano, "existe en el mundo colonial, en el planeta, un caso especial: una vasta zona [Iberoamérica] para la cual el mestizaje no es un accidente, sino la esencia, la línea central: nosotros, 'nuestra América mestiza'. Martí, que tan admirablemente conocía el idioma, empleó este adjetivo preciso como la señal distintiva de nuestra cultura, una cultura de descendientes aborígenes, africanos y de europeos –étnica y culturalmente hablando–". Biológica y culturalmente hablando todos los habitantes de la América indoibera son mestizos, no importa la mayor o menor proporción de sangre india, negra, asiática o ibérica que lleven en las venas. Por ello, como lo sostiene Pierre Chaunu, los peninsulares así como los hispanoamericanos "se consideran menos sensibles a las diferencias raciales que otros pueblos... Los ibéricos son menos racistas que la mayor parte de los europeos e infinitamente menos que la mayor parte de los pueblos de Asia y Africa", y muchísimo menos, añadamos por nuestra parte que los reivindicadores del Día de la Dignidad del Indio, que se agitan demagógicamente exigiendo un revisionismo histórico de sospechoso sesgo antiespañol y por ende antimestizo.

En México y en el Perú, dos ejemplos, entre muchos, de extremada representatividad, se sabe bastante acerca de la mesticidad pese a los contemporáneos vientos de fronda pseudoindigenistas que latentemente la rechazan. Inclusive en Argentina, con una población predominantemente blanca, hasta hace bien poco han caído en la cuenta de ello y las cabezas más lúcidas andan buscando una sombra, la del indio piel roja, al que se obstinaron en destruir con puritana y suma eficacia y contumacia anglosajonas. Empero digamos en descargo suyo, que la actividad destructora, genocida, de los norteamericanos no desmereció en nada a la llevada a cabo por el general Roca contra los malones de la pampa argentina, e inclusive a la puesta en práctica en las campañas de nuestros liberales contra los indios sublevados en Yucatán, Chiapas, Chalco y otros puntos de la República.

La rendición de cuentas que hoy piden los pueblos recientemente independizados en Africa, Asia y Oceanía, es una justa exigencia que entendemos y, por lo tanto, que nada tiene de nueva para nosotros, supuesto que las naciones iberoamericanas llevan ya más de un siglo exigiéndola: ayer, furiosa y batalladoramente, con destemplado, legendario y negrísimo vocerío matricidal; hoy, con voces menos irritadas, más comprensivas y ecuánimes, menos tercermundistas e incriminatorias de los que algunos de fuera y de dentro quieren imaginar. Nuestro llamado tercermundo indoibérico pertenece por derecho propio a la cultura occidental cristiana y ha contribuido y continúa contribuyendo a ella con aportaciones originales a pesar de su actual ruina económica; porque hoy sabemos, digamos con Wilhelm Reich, psicólogo marxista, que la clasificación ideológica de una sociedad es diferente a su clasificación económica. No hay una correspondencia exacta entre las condiciones económicas de un grupo social y sus estructuras mentales ideológicas.

Volviendo a Urs Bitterly, percibimos en su libro el hecho dramático de lo que él clasifica como encuentro entre los *civilizados* y los salvajes ultramarinos: americanos y polinesios; pero el contacto de los españoles fue en México, Centro América y gran parte de Sur América con indios altamente civilizados que no tenían absolutamente nada de salvajes. Del encuentro de estas dos culturas, civilización *versus* civilización, no nos dice nada o casi nada el autor alemán. La explicación tradicional sobre los primeros choques violentos (conquista) ignora a sabiendas y por lo mismo anula el extraordinario proceso de interrelaciones, donaciones, cambios e intercambios mutuos físicos, vitales y culturales durante los tres siglos de la colonia, que florecieron en la centuria decimonónica con la presencia histórica de las flamantes naciones iberoamericanas. Las artes mayores y menores, las populares, los trajes regionales, las canciones y las danzas, el folklore en suma, el idioma y sus expresiones literarias, la agricultura, la ganadería, las orquestas y bandas pueblerinas, la cerámica y el arte culinario, el trazado y construcción de las admirables ciudades barrocas, todo en definitiva, sin que escape nada, muestra la admirable simbiosis cultural de lo español, de lo autóctono americano y de las aportaciones africanas. Hasta la veintena de supuestos indios mexicanos que acuden a Viena para solicitar la devolución del famoso penacho de Moctezuma, obsequio de este tlatoani a Carlos V, el emperador de Occidente, por mediación de Hernán Cortes, bailan sus tocotines vestidos con trajes y capas de satinado colorido y fantasía, se adornan con plumas falsificadas de avestruz africana y danzan al son de instrumentos de origen europeo, y, por supuesto llevan asimismo ajorcas, sonajas, pretales, maracas, raspadores, flautas, cascabeles y diversos artilugios de percusión ya americanos o africanos.

No se trata por consiguiente, en el caso de nuestra América, de un renacer de antiguas culturas aherrojadas (Túnez, Argelia, India, China, Vietnam, Sudán, Kenia, etc.), sino el *nacimiento* de nuevas naciones mestizas en carne y en espíritu. El hecho tal vez más notable de la civilización del hombre ibérico en su contacto con los pueblos aborígenes americanos, el mestizaje, es maliciosamente silenciado, tocado muy tangencialmente e incluso condenado. Parece ser, por desgracia, que la virtud ibérica de la asimilación racial y cultural sólo por ellos fue y sigue siendo practicada.

Afirmar como lo hace Bitterly y la secuela, ayer como hoy, de celosos censores históricos, "que las autoridades coloniales españolas llevaron a cabo este proceso de exterminio [de los indios americanos] con incomparable arrogancia e indiferencia moral", es no sólo injusto sino falso. Como ocurrió antaño, la nuevamente resucitada leyenda negra tampoco hace justicia ahora al famoso sermón del padre Montesinos, a la crítica condolida de fray Córdoba e inclusive menos a la escuela iusnaturalista española del siglo *XVI*. El monumento jurídico más excelso de la España imperial, *La Brevísima relación* del padre Las Casas (1552), sólo servirá en manos enemigas y sigue hasta ahora utilizándose para condenar en términos absolutos la empresa española en América. Más aún, según el historiador alemán, "los europeos no supieron conceder al habitante ultramarino, cuando menos un espacio libre para llevar una existencia autónoma ni consiguieron integrar a esos pueblos en su propia cultura de una manera étnicamente responsable". Pero si todavía existen indios en el mundo hispanoamericano esto obedece a esa criticada política autoritaria que pese a todos los excesos absolutistas, o acaso justo por ello, preservó y fomentó paternalistamente las llamadas *Repúblicas de Indios*, cuya presencia real y autónoma comenzó a desaparecer a partir de la disolución imperial iniciada en el siglo *XIX*. Aún quedan por fortuna millones de indios en Hispanoamérica, más o menos incorporados a nuestra civilización cristiano-occidental, y las condiciones infrahumanas en que muchas comunidades indígenas viven se deben, sin duda, a la explotación colonial; pero también decisivamente a la utopía liberal obstinada en la regeneración del indio mediante la supresión del paternalismo colonialista y del sistema de propiedad comunal de la tierra que le era tradicionalmente propio. Debemos también recordar que el criticado paternalismo de la época colonial sostuvo durante 300 años las cátedras de otomí y de náhuatl en la antigua Real y Pontificia Universidad de México.

¿Cuál es nuestro ser? Esta es la pregunta que hace poco ha formulado Leopoldo Zea y de hecho sólo hay implícitamente una respuesta con la cual identificarnos: el mestizaje. Por supuesto no se alude con esta contestación, como ya hemos señalado, a lo estrictamente biológico, sino asimismo a lo espíritual y cultural que integra el mundo histórico hispanoamericano. El proceso fue laborioso y la evolución difícil. Desde el punto de vista de la filosofía positivista spenceriana empleada por el historiador Vicente Riva Palacio en su *México a través de los siglos* (1884-1889), a lo largo de los tres siglos de dominación española se operó un lento y silencioso trabajo social. Las múltiples castas y "razas se fueron confundiendo enlazándose las familias, identificándose los intereses, convirtiéndose en Patria la tierra de los desheredados, formándose el alma nacional; y lo que fue sólo una conquista durante el reinado de los monarcas de la casa de Austria, se mostró verdadera colonia bajo los soberanos de la familia de Borbón, buscando y procurando derechos semejantes a los otros pueblos sometidos a la corona de España, casi bastándose a sí mismo y emprendiendo el camino del progreso por el esfuerzo y la inteligencia de sus hijos. La Nueva España [y podemos hacer extensiva la limitación geográfica y el contenido temático a toda la América española] no fue –prosigue Riva Palacio– la vieja nación conquistada que recobra su libertad después de 300 años de dominación extranjera: fuente de históricos errores y de extraviadas consideraciones ha sido considerarla así, cuando es un pueblo cuya embriogenia y morfología debe estudiarse en los tres siglos de gobierno español, durante los cuales con el misterioso trabajo de la crisálida y con heterogéneos componentes, formóse la individualidad social y política que, sintiéndose viril y robusta, proclamó su emancipación en 1810".

De acuerdo con esto entre las lentas fases de la poderosa cuanto misteriosa y fecunda evolución se ha de considerar la integración de las razas, cuya realización, como hemos escrito, dependió de la inexistencia entre los españoles conquistadores y colonos de discriminación racial; pero debemos reparar y añadir al proceso otro elemento identificador, por cuanto todos los iberoamericanos poseemos por herencia una extraordinaria capacidad y entrenamiento histórico para comprender los valores foráneos; para acercarnos comprensivamente a todo lo extraño y nuevo, máxima significación y símbolo de universalidad según Vasconcelos y Reyes, ayer, y Zea hoy. La universalidad, consiste en abrirse a los otros recibiendo y aportando experiencias. Mas nos toca insistir en que si este proceso o fenómeno se realiza, es porque por encima de todo somos mestizos y nuestra idiosincracia es asimismo mestiza. A pesar de todo lo que se diga, los estadounidenses y los europeos, salvo los ibéricos, carecen de ese universalismo tan peculiar entre nosotros; muestran una incomprensión casi absoluta hacia las llamadas culturas marginales, no queriendo reconocer en ellas su humanidad, y si las admiran, estudian y catalogan sólo lo realizan en calidad de objetos naturales. Los pueblos africanos y asiáticos, acaso por reacción anticolonialista y antimperialista, se muestran también reacios al universalismo y a la fusión, de hecho carecen del catalizador comprensivo indohispano de la mezcla de razas.

A pesar de lo dicho, todavía entre nosotros se levantan de vez en cuando voces discrepantemente fustigantes contra el fecundo proceso de la miscegenación, como la llaman los anglosajones. Por ello queremos terminar utilizando un crítico y emotivo juicio alusivo al caso, expresado por Guillermo Tovar y de Teresa:

El mestizaje –escribe– tampoco ha sido [todavía] bien asimilado por nosotros: hemos visto como resta la vinculación del indio con el español, cuando deberíamos sumar y proyectarnos. Hay que superar el mito y volverlo realidad histórica. Tenemos que dejar atrás la autocompasión que nos destruye. Abandonar el placer que produce vivir una Guerra Florida interior en la cual nuestro fin es convertirnos en prisioneros de nosotros mismos [es decir] en víctimas…

SIMBÓLICA DEL TIEMPO Y MESTIZAJE CULTURAL

Enrique Hernández
Argentina

Hoy

Cuando llegaron aquellas naves de la Conquista, destinadas al fuego, los hombres de estas tierras narraban sus historias desde su presente. En las naves venía la Historia judeo-cristiana, Historia que es Escritura, Escritura concebida desde el futuro que articula el sentido.

Un encuentro que nace como lucha de hombres y dioses por el poder sobre esta tierra. Una guerra, donde el conquistador ibérico ocupó desde el comienzo la altura decisiva: el monte de la Palabra, el lugar donde se mide el tiempo de los hombres: La empresa de dominio militar del espacio, que agotó a España, es cosa frágil frente el dominio del Tiempo que la Palabra de la Cristiandad instala como lectura del Destino y señorío sobre el sentido de la Historia humana. Desde entonces, nuestra tierra vive el desgarramiento de un tiempo no resuelto y hoy, cinco siglos después, el desafío del pensamiento sigue siendo rescatar el símbolo superador de esa ruptura originaria.

Porque la cuestión está planteada hoy y ante todo por esa palabra: Hoy, que es el nombre del presente y la primera carabela del Lenguaje. Palabra que fue el Caballo de Troya de la dependencia y encierra la clave de la liberación.

Para nuestra cultura mestiza, decir "Hoy" supone asumir la conciencia de esa ruptura originaria que es condición de toda praxis de unidad. Siendo nuestra intención servir a esta práctica proponiendo cierto rumbos de acción señalemos antes, en pocas palabras, el camino de conciencia recorrido.

La Simbólica del Desgarramiento

Dos Américas surgen de la Conquista. En la nuestra, el Tiempo tiene la estructura de la postergación. O mejor, la postergación es el núcleo de la historicidad mestiza como tensión no resuelta entre conquistadores y conquistados. Desde los mitos indígenas vivientes hasta la crítica de los universitarios, nuestra conciencia histórica está atravesada por el sentimiento de la inadecuación entre nuestra experiencia del Tiempo y los paradigmas históricos de la Modernidad Civilizada.

En un extremo, la subcultura indígena sobrevive articulada sobre la Resistencia. El temple del "dejarse estar" y el rebelarse, el soportar la "tardanza de lo que está por venir", es la actitud de los Fierro, de los Yupanqui, de los Buendía: cien años de soledad y cinco siglos de resistencia que vienen de lo indígena como rasgo fuerte de la representación popular de la historia en nuestra América. Desde la poesía a la política, la Resistencia consiste, para nosotros, en no querer entrar en el Tiempo de la historia impuesto por los Civilizadores.

Del otro lado está la Urgencia, que es el ritmo histórico-imaginario de las minorías patricias. "Poblar", silenciando al habitante, "alcanzar al Tiempo en su carrera", civilizar, importar el Progreso, modernizar. Frente a la Resistencia del "dejarse estar" –metafísica de las campañas, o del "principio estacionario", como se decía– se alza el tener, para "llegar a ser", la Urgencia de esas ciudades en que el patriciado encuentra el "principio progresivo".

Así, entre la Resistencia de la representación histórica indígena y popular y la Urgencia de la modernización patricia se define el espacio de nuestra imaginación histórica independiente: la ambigüedad. Pero la ambigüedad es un estado de inquietud que llama a la acción y más de una vez, intentando superar la ambigüedad por la simple escritura histórica, hemos caído en la inautenticidad del relato patricio o en general, en los imaginarios de la concepción criolla del pasado: sagas del Progreso o elegías del Ser nacional. Huídas imaginarias de una realidad ambigua que no puede instalar su relato porque no ha completado la Independencia que constituye al Sujeto del relato: un Nosotros resuelto a tenerse como valioso y a asumir el sentido de su unidad política.

Resistencia, Urgencia y Ambigüedad son las coordenadas del desgarramiento con que la Emancipación concibió sus imaginarios históricos. Con estos límites, siempre entre la Epopeya de la barbarie y el Método de la civilización, hemos creado los relatos de este ciclo inmigratorio que se cierra, relatos articulados por esa relación contradictoria con el Otro que marca nuestra unidad histórica siempre postergada.

Como se trata de salir de la ambigüedad por la unidad, no es cuestión simplemente de levantar el tema de la pluralidad de los tiempos contra la tiranía de una Historia lineal que ya nadie escribe. No se trata tanto de la pluralidad histórica que está de moda reconocer –precisamente en lo que tiene de atomización administrable– sino de concebir la diferencia propia de nuestra experiencia indoamericana del Tiempo, que no tiene más alcance universal que su pretensión de ser respetada y comprendida por las otras culturas.

Tomemos la cuestión de la unidad de nuestra América como eje, ya que en ella se muestra cómo el mestizaje representa el nudo siempre implícito de nuestra simbólica de la Historia. Para concebir esta unidad, la historia criolla debe inscribirla en el Tiempo heredado. Un tiempo católico –esto es, con vocación universal– pero también europeo –es decir, autoafirmado como Civilización humana– por último, un tiempo moderno-burgués, naturalmente adaptado para administrar la vida ajena según el provecho propio. Desde este Tiempo originario se había establecido la posición de nuestra unidad histórica, fundada en el sentido misional de la Conquista.

Así, nuestra historia criolla se encuentra ante una unidad puesta desde el Otro, unidad del Padre conquistador que suprime la diversidad de la Madre conquistada: El poder religioso conoce el peligro de esta supresión –de allí la simbólica de la Asunción, de la Trinidad y del Espíritu Santo que esparce por toda Iberoamérica– sabiendo desde el principio que el mestizaje de la Conquista instalará en la dialéctica del padre y el hijo la semilla de la rebelión. Esta unidad religioso-política desde el Otro define así el campo histórico del sentido. Fuera de él queda la pre-historia del salvaje o la para-historia del rebelde y se instala la Desaparición como estructura fundamental de nuestra falsa conciencia.

En esta estructura civilizada crece la conciencia histórica de la Emancipación y se desarrollan las tensiones de su ambigüedad, cuando la diversidad real de las ex-colonias aparece en el drama bolivariano del Destino Común. Cuando las burguesías litorales patricias ocupan el lugar de la palabra y el símbolo de la Misión cede el turno al Progreso, la experiencia efectiva de la guerra mestiza va entrando de a poco en los paradigmas políticos del patriciado criollo. El esfuerzo es evidente, pero la unidad lineal del Tiempo histórico es una fuerza a favor, ya que el relator de la historia criolla busca respetar la poética de Aristóteles: Hay una unidad de Tiempo –el Progreso de la Libertad– una unidad del Sujeto –la Humanidad universal ("Luz del Día")– en su forma americana, y una unidad de lugar: América, a secas.

Esta unidad originada desde el Otro y luego articulada en su contra, vencido el enemigo común se fragmenta en relatos históricos nacionales más o menos abstractos. Aparecen entonces las Historias Oficiales nacionales, generalmente como explicaciones del Orden que hará posible el Progreso, historias universales en cuanto tienden a legitimar la complementación internacional.

Sin embargo, en estos relatos algunos grandes temas empiezan a desaparecer: la unidad de nuestra América, el sentido moral de su vocación mestiza y la independencia como tarea incompleta, con su carga de "emancipación mental" a medio hacer. La figura del Otro siempre permanece, aún en el marco del relato nacional, primero como modelo de Progreso y más tarde como fuente de nuestros males.

En el imaginario histórico criollo, la tierra que nos tocó siempre está al Sur del Otro que pretende marcar el ritmo de los tiempos. Y lo logra. Unidad desde el Otro, contra el Otro, bajo el Otro: la estructura de nuestro desgarramiento histórico pasa siempre por la alienación del ritmo del relato.

Ahora bien, las crisis muestran las estructuras a la conciencia pública como las fracturas muestran los huesos y el quinto siglo nos deja en crisis. De allí que crece entre nosotros una simbólica alternativa a la del desgarramiento que supone un cambio de horizonte en la conciencia de la historia. En política hablamos de Integración, como en ciencias sociales de Dependencia y en filosofía de Liberación, palabras que implican un sujeto que se plantea a su unidad en términos de bloque y busca definirla como intereses históricos antes que como legado ancestral. Pero este sujeto vive en la ambigüedad de su mestizaje cultural no resuelto y necesita rescatar del pasado el núcleo simbólico de su unidad moral.

La Praxis de la Unidad

La resolución de la ambigüedad no pasa tanto por la afirmación, el análisis o la defensa de nuestra supuesta identidad, como por la reunión práctica de nuestras diferencias en un proyecto histórico común. La identidad es una idea que remite a la lógica clásica de la autoafirmación de la Esencia, la unidad resulta de la resolución efectiva de nuestras contradicciones en virtud de nuestros intereses históricos. Así, lo que nuestra historia busca establecer no es nuestra identidad –que es una sombra-- sino nuestra unidad, que es un cuerpo. Este es el movimiento que subyace en la simbólica de crisis con que intentamos expresarnos. Así, cuando sostenemos la Integración es porque hemos asumido las diferencias y optamos por la unificación como decisión histórica de soberanía antes que como desarrollo de la complementación internacional dominante. También aprendimos que pensar sólo en términos de Dependencia es permanecer en esa alienación estratégica que tiene siempre su centro en el proyecto imperial. Aún el concepto de Liberación resulta una determinación negativa si no pasa por la definición histórica de aquello que ha de liberarse.

Esto abre a la cuestión del sentido unitario de nuestra praxis histórica –el único que puede fundar la unidad del relato– o lo que es lo mismo, a la pregunta por el núcleo simbólico de nuestra cultura. Establecerlo es antes una cuestión de opciones que de métodos, se trata de asumir la pluralidad de la experiencia antes que de aplicar la unidad del paradigma, de inventar la representación más que de aplicar el concepto.

La misma historia crítica de nuestras ideas es una preparación necesaria para recuperar lo que ha quedado fuera del sentido, al costado del Tiempo, como testimonio silenciado de nuestra particularidad real. Y puesto que apenas podemos confiar en ese instrumento de la Modernidad llamada método, se impone buscar el núcleo de nuestra unidad en los símbolos que surgen de la praxis histórica fundamental de nuestros pueblos: ésta es la ciencia nueva que necesitamos.

No hace falta ir muy lejos para encontrar por este camino un núcleo de significado que une la conquista con el presente, atravesando la simbólica del desgarramiento: es la instalación de la Justicia como sentido de la historia. Así como la unidad histórica colonial se expresa como Misión de la Conquista y la diversidad de los Estados nacionales se legitimó por el Progreso, la nueva unidad histórica de la liberación se funda en el ideal de la Justicia, siendo que es esta voluntad manifiesta la que orienta las prácticas fundamentales de nuestros pueblos, antes que un modelo determinado de desarrollo. También es de toda evidencia que nuestro sentido de justicia pasa hoy por asumir el rostro mestizo de nuestros pueblos como rescate de la ruptura originaria.

Como esta asunción no puede ser inmediata, a cinco siglos de la llegada de las Naves necesitamos un símbolo de nuestro propio viaje: Quizás lo sea la Travesía en nuestra tradición, el tránsito hacia el Interior que atraviesa lo desierto para llegar al lugar de un pueblo.

La preparación para este viaje es sostener nuestra unidad de cultura, dar fuerza a nuestros sistemas simbólicos de reconocimiento y a nuestros canales de comunicación, afirmar nuestras necesidades de producción en cuerpos de decisión política común.

Así se presenta a nuestra imaginación histórica presente esta travesía de autodescubrimiento, este viaje hacia donde estamos: No como Odisea, viaje imperial del Ser que vuelve de la guerra contra el otro al Dominio de Lo Mismo, no como éxodo de elegidos, porque aunque nace del lugar de la opresión no tiene más Tierra Prometida que la nuestra; sino como viaje de unos hombres para fundar, en la Justicia, un pueblo entre otros pueblos.

NOTAS SOBRE EL PROBLEMA DE LA IDENTIDAD LATINOAMERICANA

Juan Oddone
Uruguay

Lograda la independencia política, comenzaba para América Latina una etapa más árdua y áspera que la de la guerra. Las estructuras administrativas coloniales habían desaparecido y era necesario organizar las nuevas naciones, encontrar un nuevo equilibrio intercontinental y regional en dilatadas comarcas desvastadas por la lucha armada, conmovidas socialmente, desprovistas de los más elementales recursos económicos.

Las divisiones administrativas preexistentes (cuatro virreinatos y cuatro capitanías) respondían a las grandes zonas naturales del continente pero en general constituían el enclave geográfico dominado por una ciudad importante: México, Lima, Bogotá, Caracas, Santiago, Buenos Aires. En torno a estos centros urbanos emergieron otras tantas naciones que pronto comenzaron a disgregarse y recomponerse.

Las nuevas burguesías crecieron y se enriquecieron amparadas por la política mercantilista de fines del siglo XVIII. Sus intereses comenzaron a vincularse al mundo europeo, abriendo así una ancha brecha a la infiltración ideológica. En general, la prensa periódica fue a la vez puntual reflejo de la voluntad de cambios de esa clase social y vocero del pensaminto de la Ilustración, promoviendo un análisis crítico de la realidad americana. Pero si los grupos urbanos dirigentes se planteaban como tarea impostergable organizar los flamantes estados, mucho se les escapaba acerca de la realidad que pretendían modelar. El drama de la América Latina que emerge a la vida independiente consiste en que, desde su base social las fuerzas sociopolíticas del interior rural tendían instintivamente hacia la disgregación y la desintegración porque no podían aceptar las imposiciones de los intereses urbanos.

La distribución de la población latinoamericana era muy irregular; cinco millones habitaban en la Nueva España, cuatro y medio en Brasil, menos de un millón y medio en Perú, y apenas cuatrocientos mil en el Río de la Plata. Sobre esta base demográfica se asientan las fuerzas sociales más solidariamente arraigadas de todo el continente, las de los dueños de las grandes extensiones de tierra que tras la gravitación que en el periodo colonial les confirió el régimen latifundista sumaron durante el periodo revolucionario el prestigio y la omnipotencia derivados de la conducción exitosa de las masas armadas.

Además de los caudillos, operan como fuerzas disgregantes –aunque de hecho resultan menos perturbadoras al ser marginadas de los procesos de organización de los estados– las comunidades indígenas de las regiones donde constituyen un componente demográfico esencial (México y Perú, por ejemplo).

Dentro de esta amalgama de fuerzas, caciques, caudillos, coroneles o simples aventureros –canalizando sentimientos de adhesión y ascendiente personal entre las masas– aparecen como los elementos preponderantes de resistencia a las estructuras políticas que se consolidan en las ciudades para contener el desmembramiento de la región.

Cuando la guerra contra España está a punto de concluir, la etapa de los enfrentamientos armados internos se halla en sus inicios. Porque si es muy difícil conciliar intereses divergentes, mucho más lo es cuando miles de hombres todavía conservan las armas en la mano.

El temprano reclamo de la unidad latinoamericana, que Bolívar procuró plasmar a través de la reunión convocada en Panamá (1826) fracasa sin remedio. Al comenzar la década de los treinta se ha derrumbado la Gran Colombia, se han disgregado los dos Perúes, están en vías de desintegrarse los países de la Confederación de América Central, y el Río de la Plata tampoco ha logrado consolidar las fronteras del antiguo Virreinato.

A partir de mediados del siglo pasado las naciones latinoamericanas definen trabajosamente su organización. En realidad la estabilidad institucional se afirma a medida que se modifica la relación con las zonas económicas metropolitanas. Al expandirse la capacidad de absorción de los centros europeos, los países latinoamericanos empiezan a desempeñar un nuevo papel en la economía mundial. Simultáneamente a la ampliación de los mercados consumidores se formaliza el aflujo de capitales europeos que promueven un rápido proceso de modernización. Nace así el nuevo pacto colonial asentado sobre una fachada de independencia política que encubre una subordinación económica de vasto alcance.

Estos acontecimientos repercuten en el orden social latinoamericano de diverso modo. El más significativo es la consolidación del poder político de la burguesía urbana a través de un ascendente sector económico vinculado al comercio de exportación e importación, a la incipiente banca, a las empresas de servicios públicos, a las actividades especulativas y la administración. Pero asimismo maduran ideologías que penetradas de los principios liberales que animaron la primera hora de la revolución, avanzan en el análisis de la realidad a la que intentan adecuarse.

Liberalismo y romanticismo –los dos "ismos" importados de Europa– arraigan juntos y en ambos surge una temprana inquietud por desentrañar la fisonomía del "ser nacional". No importa aquí caracterizar la significación de estos movimientos en el orden de la vida política –llámense "Reforma" en México u "organización" en Argentina– pero sí interesa destacar el sentido que dieron a ciertas ideas. Fundamentalmente, la necesidad común a todos los países de afirmar y justificar la existencia misma de cada una de las naciones pronto quedó definitivamente asentada; pero al mismo tiempo se define y cobra fuerza un deseo explícito de independencia mental. A partir de los primeros balbuceos de Andrés Bello, del mexicano Andrés Quintana Roo, del argentino Juan Cruz Varela y de toda la poesía anónima que anima la canción popular, comienza a cobrar forma el concepto de "americanismo y nacionalismo" a la vez; quizá empiece por lo americano, como afirmación de lo no español. La influencia del romanticismo alentó esas expresiones, y si bien el arte conservó formas específicamente europeizadas, su temática encontró un nuevo cauce en la preocupación por lo nacional y regional.

En 1934 cuando Samuel Ramos publica *El perfil del hombre y la cultura en México*, proclama la necesidad de avanzar más allá del simple resurgimiento y revaloración de lo autóctono que la generación revolucionaria de 1910 había postulado. Se trataba en última instancia de "confrontar la mexicanidad con la americanidad y la universalidad".

A mediados de siglo Leopoldo Zea aparece como un portavoz del pensamiento americanista. Su preocupación por la historia de las ideas, sus ensayos filosóficos dirigidos a la temática latinoamericana, formulan la tónica de ese otro nacionalismo cultural mexicano de acento universalista. "Quisiérase que no –sostiene Zea– estos pueblos independientemente de que se sintiesen parias de una cultura que no era ya la propia, desterrados de una historia que no habían hecho, estos pueblos y sus nombres habían hecho y estaban haciendo una historia. No era ya la historia europea por supuesto, pero sí una parte de esa historia; acaso una parte, importante o no de la historia occidental; o lo que era aún más, una parte de la historia del hombre". En su devenir histórico los pueblos latinoamericanos habían elaborado una cultura, ahora era necesario tomar conciencia de ella.

Esta "nueva cultura" expresión necesaria de "un modo de ser" se convirtió en preocupación latinoamericana, al tratar de esclarecer el lugar que le corresponde a la región en el mundo, y a cada una de las naciones en el conjunto del continente.

Las opiniones acerca de la existencia de América Latina como unidad cultural, más allá de constituir solamente un heterogéneo conjunto de países, se manifestaban aún indecisas como lo recuerda José Luis Romero quien reclamaba frente a tal interrogante una urgente respuesta, porque de ella dependería, tal vez, –decía– la orientación de la actividad creadora del mundo latinoamericano.

Algunos años antes, en un curso dictado en Harvard Pedro Henríquez Ureña ya había incorporado un importante avance en aquella conceptualización, que luego afirmaría en sus dos obras capitales.

Ardao ha señalado que fue en los años 70 cuando se asumió plenamente el concepto de identidad latinoamericana, rebasando en los 80 la propia área idiomática para englobar literaturas y culturas indígenas.

El tan comentado y reciente *boom* de la literatura latinoamericana confirma la validez de aquella afirmación. El acervo de la cultural occidental se ha visto enriquecido con el sustancial aporte de los latinoamericanos. Más que de escritores colombianos o cubanos, mexicanos o argentinos, venezolanos o peruanos, brasileños o uruguayos, se habla desde entonces de los escritores "latinoamericanos". Desde afuera, lo latinoamericano se percibe ya como una unidad.

Mientras un vigoroso impulso circula por tales carriles en busca de "su originalidad", en otros compartimientos del ser americano los cambios que se suceden inciden ya no sólo sobre la temática literaria, ensayística, plástica o musical, sino que también anticipan un fermento de transformación social de vasto alcance.

Después de la primera guerra mundial, empieza a declinar el proceso de "blanqueamiento" de la población que se venía gestando sobre todo en las zonas atlánticas desde mediados del siglo XIX a expensas de la inmigración europea; se asiste en cambio a una "revitalización" demográfica de las masas mestizas, indígenas y mulatas. En la década de los cincuenta y los sesenta es cuando aparecen los índices más elevados de crecimiento en las poblaciones indígenas de Nicaragua, El Salvador, Ecuador, Perú y Bolivia.

En contraste con su brutal disminución durante el coloniaje esta "ínsulas" indígenas ahora en desarrollo, que han permanecido aisladas y encerradas en sus comunidades agrarias de México, Guatemala, la sierra peruana, el altiplano boliviano, la quebrada del norte argentino y las tierra guaraníes conservaron sus propios estilos de vida, trabajo, tradiciones y lenguas, operando a través de los siglos como verdaderos archivos vivientes. Los descendientes de esclavos africanos de las Antillas y del Brasil siguieron también cultivando estilos de vida y hábitos de las tribus originarias. Es decir que culturas de raíces autóctonas e importadas de Africa perviven en el mundo americano y sus expresiones irradian hacia la masa de la población mestiza y blanca.

Esta América mestiza y mulata, que en el curso de cinco siglos experimentó y padeció un violento proceso de aculturación, ha visto resurgir en el siglo *XX* con pleno vigor sus tradiciones vernáculas. Las artesanías, las artes plásticas, la música popular y el folklore son también testimonios directos de esta nueva vitalidad que transforma y recrea las expresiones de la cultura latinoamericana.

Mirando hacia el futuro desde la perspectiva de los 500 años transcurridos, el problema de la integración surge como el corolario ineludible de una historia signada por la fragmentación y el aislamiento.

Por lo pronto, los movimientos de integración latinoamericana han debido afrontar escollos poco menos que insuperables. Dentro del reducido margen que delimitan las condiciones estructurales e instituciones vigentes, la "realidad regional" del continente es una meta todavía lejana.

En el pasado se han revelado invariablemente estériles los esfuerzos por encauzar la cooperación interregional a través de un "panamericanismo", cuyos principios básicos y cuyas prácticas económicas nunca respondieron a la división real del continente en dos grandes zonas de intereses contrapuestos. Los movimientos de integración regional más recientes e importantes tropezaron a su vez con las trabas derivadas de la escasa gama de productos disponibles, de la debilidad de los mercados nacionales, y sobre todo, de la prevalencia de las formas tradicionales del comercio, que asentaron en el siglo pasado la dependencia respecto a los centros metropolitanos.

Sin embargo, los logros relativos que alcanzaron aquellas experiencias, si nos atenemos al incremento del comercio interregional, no ocultan los límites que se anteponen al proceso de integración.

Hoy, sobre el fin del siglo *XX*, y a pesar de las dificultades mencionadas, la confluencia de un conjunto de factores –unos exógenos, otros endógenos– permite vislumbrar un horizonte diferente en el camino de la integración latinoamericana. En efecto, el enfrentamiento del problema de la deuda que los países del área soportan, los esfuerzos de paz para Centroamérica orientados por países latinoamericanos, la simultaneidad de la irrupción de los procesos autoritarios y el advenimiento de las aperturas democráticas en periodos cercanos de tiempo, fundamentalmente en el cono sur, evidencían, por un lado niveles crecientes de conciencia en cuanto al enfrentamiento del problemáticas comunes, y por otro una paulatina tendencia a encontrar soluciones globales a las mismas.

A los discursos integracionistas oficiales de las décadas del cincuenta y sesenta, han surgido tímidos esfuerzos, en el plano de lo real, para enfrentar temas regionales, como lo han sido Contadora y el Consenso de Cartagena. América Latina parece comenzar a despertarse de un largo aislamiento; aún las europeizadas Argentina y Uruguay han dado pasos concretos en la integración económica y política a través del CAUCE, el PEC y el Grupo de apoyo a Contadora.

No obstante hay mucho camino por recorrer aún. Temas como la deuda externa de la región no se solucionarán con negociaciones bilaterales de cada país con la banca acreedora, así como no aparece clara una estrategia latinoamericana frente a las políticas proteccionistas del mundo desarrollado para los productos tradicionalmente exportados por nuestras economías. Al mismo tiempo los esfuerzos interpretativos de los procesos sociales, económicos y culturales latinoamericanos, han carecido en los últimos años de marcos conceptuales adecuados que permitan vislumbrar a mediano plazo las prioridades que debería asumir la región al abordar cada área.

América Latina es ya una comunidad de naciones; pero aún es una comunidad en germen. Las agrupaciones subregionales que se abren camino respondiendo a motivaciones generalmente económicas o geopolíticas testimonian la persistencia de una voluntad integradora que volverá a manifestarse oficialmente en la reunión "de los 8" la próxima semana en Punta del Este.

En el mundo actual, la interdependencia de las naciones ha contribuido a mostrar la insuficiencia de estado nacional para satisfacer todos los reclamos de la compleja realidad contemporánea (desarrollo económico, progreso cultural y técnico, reformas sociales). En ese contexto, en el que la comunidad regional se torna una necesidad de la vida internacional la integración latinoamericana constituye un imperativo ineludible.

MESTIZACIÓN RACIAL Y CULTURAL EN LA ELABORACIÓN DE UN FUTURO COMÚN LATINOAMERICANO

Otto Morales Benítez
Colombia

"Hablar de cultura americana, sería algo equívoco: ello nos haría pensar solamente en una rama del árbol de Europa, transplantada al suelo americano. En cambio, podemos hablar de la inteligencia americana, su visión de la vida y su acción en la vida. Esto nos permitiría definir, aunque sea provisionalmente, el matiz de América".

Alfonso Reyes[1]

"La mestización de hombres y culturas al surgir dentro de la relación de dependencia, hace de ello un engendro rechazado tanto por el dominador como por el dominado".

Leopoldo Zea[2]

Para participar en el Simposio "Sentido y proyección de 500 años de historia en América Latina", se desea hacer un examen de cómo podemos lanzar "esta historia común... y, a partir de ella, plantear el problema de la integración de la región apoyada en común identidad". Porque contra ella se ha luchado mediante la imposición de "intereses extraños a la misma". Y viene una pregunta clave dentro de este contexto singular: "¿somos o no capaces de integrarnos como pueblos libres para las realizaciones de un futuro común?".

---

[1] Alfonso Reyes, "Ultima Tule" en: *Obras Completas*, Letras Mexicanas, Fondo de Cultura Económica, tomo XI, México, 1960.
[2] Leopoldo Zea, *Latinoamérica: Un nuevo humanismo*, Editorial Bolivariana Internacional, Tunja (Colombia), 1982.

La invitación no puede ser más sugestiva. Parece que se ha presentado la oportunidad en la cual debemos recobrar el derecho a tener una conducta y una filosofía independiente, frente a las demás culturas. La ocasión es propicia para meditar, sin confusiones y sin recelos, acerca de Indoamérica.

Aquí se ha detenido la facultad de dar respuestas propias y válidas a los fenómenos que debe afrontar un continente. Así se prolongan las dudas sobre la validez de lo que representamos y de las réplicas que podemos ofrecer. Es parte de la inseguridad en la cual nos han obligado a movernos quienes se han considerado epígonos en nuestro transcurso de formación. Varios se inclinan a cancelar la "leyenda negra" contra España, para entrar a formalizar un análisis que nos entrega unidad remota con ella. No se trata de elaborar expedientes contra el pasado, sino de tener certezas hacia el futuro.

El tema del mestizaje

Para puntualizar nuestra posición, hemos escogido el tema que se relaciona con el mestizaje. Lo hemos trabajado, culturalmente, durante años. Para entenderlo, tenemos que repetir viejas aseveraciones. El mestizaje no está relacionado con lo racial, únicamente. No hay exclusividad en lo sanguíneo. Es lo que nos diferencia, lo que nos da carácter, lo que nos determina una posición. Es lo que responde por nosotros ante los demás continentes. Si no tuviéramos esos rasgos, apareceríamos como seres sin identificación. Seríamos los exiliados de todos los lugares. Inclusive devendríamos extraños en nuestra comarca.

El mestizaje nace del hecho de enfrentar la vida en Indoamérica. No se requiere entrar a hacer juicios sobre las mezclas de sangres. Ni es requisito que la trabazón racial se haya alcanzado. Hay extranjeros que, al arribar, han roto las amarras culturales con su país de origen y entran, con postura de solidaridad, a pelear nuestros problemas. No requieren patente de cercanía a nuestras indias; ni a los negros que importaron para la esclavitud. Se demanda sólo inmersión total en las ideas básicas que nos distinguen. Mestizaje no es un resabio racial, ni un prejuicio de clase, ni una torcida y mulata actitud para juzgar el universo. Para ser mestizo a nadie se le debe reclamar ni tolerar indiferencia frente a lo nuestro. Y, como es elemental, son mestizos, en plenitud, quienes aquí nacieron después de la conquista. Sin importarnos las diversificaciones de sangre.

Quienes aceptaron que debían tener un gobierno propio; una iglesia dirigida por sus propios hombres y derecho a la tierra, como parte integrante de sus vidas, hicieron activo un mestizo integral.

El fenómeno, inclusive, es anterior a la independencia. Se establece desde cuando unos marineros desembarcaron y resolvieron compartir nuestra vocación. Esa es su marca y su designio.

Hagamos un brevísimo recorrido por varias perspectivas básicas de nuestro existir, para puntualizar la raíz complejísima y clara, paradójicamente, del mestizaje.

Las ciudades

Para construir las ciudades, se dieron reglas que se deberían seguir sin desviaciones. Se intentó cumplirlas. El hecho es que al lado de los señores que tenían derecho a habitarlas, principiaron a usufructuarlas sus compañeras, o sus hijos, y, a veces, indios sin mezcla. A la vez, se fueron transformando de acuerdo con las peculiaridades locales. Estas irrumpieron de carácter indiano, que prevalecía en el suceso de las relaciones interfamiliares o intercomerciales. Se impusieron otras normas a las previstas en las leyes. El medio ambiente se volcó hacia nuevas estructuras sociales. El poblamiento fue de ciudades.

Estas, se tuvieron que construir apelando a los elementos tradicionales de armar las casas en el continente. No pudieron librarse de que lo mestizo hiciera su presencia arrolladora.

Terminaron siendo ciudades indianas. Lo colonial no pudieron mantenerlo en su pureza integral. Era inútil combatir contra las realidades inmediatas. En esta aseveración, coinciden todos los autores que han trabajado en este aspecto.

La arquitectura y la ciudad

Como una consecuencia lógica, la arquitectura tuvo modificaciones substanciales. No valía que enviaran patrones hispanos. Los volvían algo peculiar, que representaba las urgencias singulares de cada villa y de quienes iban a habitar las casas. Los constructores, fueron gentes ya nacidas aquí, ayudados por indígenas que tenían experiencia en el manipuleo de los materiales. Por allí comenzó, otras de las subversiones contra lo español. Ya lo hemos contado multitud de veces que la primera expresión de insubordinación en términos de lo que significaba España, se hizo evidente en el arte. El barroco lo transformaron al introducir figuras, frutos, símbolos que no concordaban con las explícitas órdenes recibidas. Era un diserto procedimiento para confundir al imperialismo. La indocilidad caminaba con sigilosos pasos, con lentas inquietudes, con recogidos actos de protesta, buscando con eruditos afanes lo auténtico, que lo rompían al imponer, sin ningún recelo, lo concebido en lejanía.

El poblamiento, fue muy desigual, en todos los órdenes. Empezando por la heterogeneidad étnica y social. En la medida en que se fueron cumpliendo ritos de amor, entraron a habitar parte de las ciudades –por exclusivas que se pretendió que fueran– las amantes o los hijos de éstas. Se rompieron, por los caminos del amor, las previsiones de la Corona.

Jacques Aprilé Ginet, en una investigación inédita,[3] sostiene que "en la ciudad de españoles", está creciendo una generación adulta de mestizos. Experimenta esta situación ambigua de tener, por el lado paterno, derecho a la residencia en la "ciudad de españoles", mientras por el lado materno, frecuentemente tienen vínculos familiares con la población de sus reducciones. El hijo de un soldado español y una mujer americana, adquiere así, –a pesar de las prohibiciones de la Corona– el doble derecho de residencia, tanto en la ciudad "española", como en el pueblo de indios.

Recordemos que Fray Pedro Simón habla de las fundaciones en las cuales participaron los mestizos, después de 1550.

En un estudio de David J. Robinson[4] él plantea de que "existen bases para una fascinante y distinta interpretación de la ciudad colonial".

La tierra

Uno de los principios que más precipitó la Independencia, fue el que regía para la administración de la tierra y quién tenía derecho a ella. Queremos ser explícitos en que no nos referimos al fenómeno de las reclamaciones de indígenas que, hasta hoy, se han prolongado. No. Deseamos es suscitar la investigación de cómo concibieron los mestizos la mayordomía de ella. Ellos consideraron que les correspondía poseerla, explotarla y tener títulos. No que simplemente se les tuviera en cuenta, sino que era indispensable consentir, que –por haber nacido en este continente o resuelto vivir en él sin más amarras exteriores hacia el futuro–, su dominio lo debía ejercer a plenitud. El no haberse admitido esta pauta, condujo a suscitar aperturas hacia la independencia.

El esclarecedor de caminos, José Luis Romero, responde una pregunta:[5]

---

[3] Jacques Aprilé Ginet. *Formación Especial Indiana*.
[4] David J. Robinson, *La Ciudad Colonial Hispanoamericana: ¿Símbolo o Texto?*, (Inédito).
[5] Félix Luna, *Conversaciones con José Luis Romero sobre una Argentina con historia, política y democracia*, Editorial Suramericana, 1a ed., Buenos Aires, 1986.

"Bueno, en una primera etapa, pero después ¿qué pasa cuando los campos se van poblando...?".

"En el momento fundacional, el mundo hispánico y católico se abroquela detrás de la empalizada ¿no es cierto? Y el campo es el mundo de los vencidos. Al principio hay lucha; pero en menos de un siglo se han producido tan extraordinarios fenómenos de mestizaje y de aculturación, que a fines del siglo XVIII América Latina ya constituye un continente criollo. Esto es lo que yo creo radicalmente novedoso, lo que le da fisonomía a estos países, lo que le da personalidad, y además de eso, lo que testimonia el paso de una etapa de desarrollo histórico en la que los españoles eran visitantes todavía, o sea conquistadores con espíritu de conquistadores, a otra en que aparecen las primeras generaciones arraigadas, las de los que han resuelto quedarse, las de los que han descubierto que esta tierra era la suya y que ya no tenían otra alternativa sino jugarse con su tierra. Esto no se ve hasta el siglo XVIII..."

El traje

En lo concerniente al traje, los conquistadores, y sus descendientes, tuvieron que consolarse con las provisiones con que aquí se contaban. Fueron nuestras toscas hilazas, los primitivos tejidos de los telares, los que los cubrieron. Las determinaciones del conquistador, se diluyeron. Para caracterizarse, para diferenciarse, apelaban a las más sofisticadas guerreras. De resto, aquellos implementos, ayudaron a completar la vocación de cubrirse. Los recursos eran los que daba el ambiente, lo que conducía a una hibridación de las vestimentas, muy pronunciada, débilmente investigada.

La comida

Los gustos en la comida, seguramente fueron contrariados en los conquistadores. No tuvieron más que ceder ante los apremios del hambre. Inicialmente algunos escribidores de esos días, hicieron denuestos de los primitivos condumios. Lentamente, aceptaron el maíz, y, más tarde, la papa. Igualmente, el cacao. El mismo proceso sucedió en Europa. No es fácil aclimatar las papilas a los gustos acres. Hay que estar acosado por las urgencias. Los españoles introducían la carne de gallina, pero tenían que admitir que se adobara con el frijol o la yuca. Y, que la rodearan tajadas de aguacates, de tomates, de ahuyamas. Algunos postres se idearon con la guayaba. La papaya dejaba su encendida pulpa en las bandejas. Y la piña se hacía presente con su blancura ligeramente amarillenta. Los cubios servían para entretejer el arroz con las carnes importadas.

Pero hay algo más para investigar: cómo cambió la alimentación en Europa y cuáles fueron las contribuciones de lo nuestro, a esa metamorfosis de la mesa. Todo mestizo, todo revuelto, toda la manifestación de una desconocida cultura. Porque por los manteles comienza ésta a variar costumbres, particularidades y actitudes. La alimentación regula demasiados actos sociales.

El ají, incisivo y picante, con picardías demoniacas para condimentar las comidas, coronaba todas las escudillas. El mestizaje ya nadie lo podría desterrar de las largas charlas de sobremesa.

La lengua y la literatura

Es cierto que heredamos la lengua. Como los brasileros, el portugués. Ni ellos ni nosotros, hemos conservado la pureza de ellas. Al contrario: como el lenguaje es el resultado de una manera social de comunicarse, para mantener las relaciones de solidaridad humana, pues han crecido, se han ampliado, con dones propios. No andan sometidas. Se busca, con el concurso de academias y de enseñanzas, mantener el "brillo de la lengua". Evitar grandes erosiones dentro de sus reglas. Estas, como es elemental, han resistido más. No sucede así con el vocabulario que empleamos todos los días. Este, va cediendo a las exigencias económicas, a las regionales, a las que representan desconocidos valores en el calificativo de personas y de cosas.

Los "cronistas de indias" al escribir sus impresiones; al describir nuestro medio; al dejar constancia de su asombro y sus perplejidades, lo hicieron con otra semántica a la que privaba en España. El ritmo de la frase; la propensión a referirse a ciertas materias; la inclinación por los vocablos raizales, fue cambiando sensiblemente. Tuvieron que entretejer sus comentarios con las palabras que, por aquí, se usaban para designar las cosas. No pudieron hacerlo en el idioma libre de los ascendientes mestizos. Estos, le dieron ya acento a su prosodia. Y, como es natural, la distribución, las frases y el acomodo de los adjetivos, cambió, extraordinariamente. Evoquemos un ejemplo que es muy peculiar y que se repite en los otros escritores que andan contando la conquista o la colonia. Fray Pedro Simón, en la primera edición de sus *Noticias Historiales*, que publicó por primera vez en 1637,[6] agregó una tabla de palabras. en ella declara:

> "Parecióme al principio destos libros poner una declaración por modo de Abecedario de algunos vocablos, que sólo se usan en estas partes

[6] Luis Carlos Mantilla Ruíz, O.F.M. *Fray Pedro Simón y su vocabulario de Americanismos*, Instituto Caro y Cuervo, Bogotá, 1986.

de las Indias Occidentales, que se han tomado de algunas naciones de los indios, que se han ido pacificando; y para mejor poder entenderse los españoles con ellos en sus tratos los han usado tan de ordinario, que ya los han hecho tan españolizados, que no nos podemos entender acá sin ellos, ni declararnos en las historias sin introducirlos; y así, para que ésta no tenga necesidad de irlos declarando en todas las partes donde los tocaremos, que sería estropezar con enfado tras cada hoja, y el lector los halle declarados juntos si en la historia no los entendiere, por ser para él desusados, me parecía sería a propósito esta diligencia".

Para no apelar a citas de Ernesto Sábato, Silvio Romero, Octavio Paz, Jorge Amado. José Luis Romero, Gabriel García Márquez, José Camacho Carreno y Carlos Fuentes –para sólo nombrar unos pocos–, apoyémonos en lo que decía el maestro de la filología en nuestro continente, Rufino J. Cuervo:[7]

"Puestos los conquistadores en un mundo verdaderamente nuevo, cual debió de parecerles aquel en que ni el hombre ni la naturaleza se asemejaban a los de Europa, padeció la lengua otra especie de dislocación, a modo de transportación musical, para acomodarse a designar objetos desconocidos".

La religión

En el análisis actual, es comprobable que se han presentado casos de sincretismo religioso en Indoamérica. Nadie discute que ello ha pasado, visiblemente, en el Brasil. Lo mismo podría establecerse, si se investigase con rigor, en la mayoría de las regiones del continente. Es muy fenomenal en el Caribe. No es extraña esa singularidad en los otros países. El hecho es que al hacer las tallas del Barroco, nuestros mestizos fueron dejando allí sus dioses; su representación teogónica del universo; su versión de los astros o de las fuerzas superiores que determinaban sus creencias. Es otra parte, bien poco estudiada. Como hemos tenido prejuicios acerca de nuestro mestizaje, hemos vuelto, con indiferencia, nuestra actitud crítica en relación y comparación con los símbolos griegos o latinos. Nos hemos despojado de nuestra realidad. Y son débiles las pesquisas, y escasamente rondamos por estas cuestiones.

En países que tradicionalmente han proclamado más arrogantemente, su pureza racial, hay escritores que evocamos, como Jorge Emilio Gallardo,[8] que ciertos cultos religiosos de raíz africa-

---

[7] Rufino J. Cuervo, *Diccionario de Construcción y Régimen de la Lengua Castellana*, tomo 1, Instituto Caro y Cuervo, Bogotá, 1953.
[8] Jorge Emilio Gallardo. "Espiritualidad africana en el Río de la Plata", *La Nación*, suplemento, 9-6-85.

na, tuvieron su sede en la Argentina y en el Uruguay hasta fines del siglo pasado y, en ocasiones, hasta los primero años del siglo actual. Todos –unos por lo indígena, y, otros, por lo negro; todos por lo triétnico, creo yo–, vamos integrando el gran mestizaje de Indoamérica.

Vale la pena preguntar: ¿si se ha explorado con diligencia la beligerancia entre los credos indígenas contra el cristianismo impuesto? Es otro interrogante bien sugerente que demanda paciencia benedictina para aportar luces al insuceso religioso.

Hay otro asunto que vale la pena explorar: ¿cuántas vírgenes hay en Indoamérica, en contraposición a las españolas? ¿Nacieron simplemente sin aceptación, a veces, dentro de las jerarquías católicas? ¿No es ese rechazo a las creencias impuestas como reacción del mestizaje?

Alfonso Rumazo González, hace una enumeración de imágenes que, por estos lados, adoramos:[9]

"Emergieron de tiempo en tiempo los nombres de la Virgen de Guadalupe del Tepeyac, en México; de Luján, en la Argentina; de Copacabana, en el Perú; de la Chiquinquirá y de Coromoto, en Venezuela; del Quinche, de Guápulo, en el Ecuador; de Las Lajas, en Colombia; de Caacupé en el Paraguay, etc. A la Virgen de Copacabana –nombre este de un ídolo incaico– le llamaban en el Perú Pachamama. A San Buenaventura denominábanle Taitaventura. San Martín de Porres significaba la validez y preeminecia de la etnia negra; la veneración de Santa Rosa de Lima no sólo se expandió en Suramérica sino que atrajo mayor número de devotos que tal o cual Virgen; San Pedro Claver perdió volumen de fieles al decretarse la liberación de los esclavos; era el patrono de éstos. ¿Ha habido algún indígena santificado y llevado a los altares?".

La economía

Dos concepciones discordantes, se hicieron visibles entre los conquistadores y nuestros indígenas. Aquéllos, como lo dice el Prof. Luis López de Mesa, no tuvieron conciencia económica de la tierra ni de su empleo. En cambio, los indios tenían aferrados sus sentimientos a su posesión y a su explotación. El oro, para éstos, facilitaba la aliación para hacer sus grandes demostraciones de su percepción de objetos de arte y de parte de su cosmogonía. Para el español, impulsaba su conquista y su empeño. El acaparamiento de éste, lo distanciaba del cultivo. Cuando tuvieron que hacer

---

[9] Alfonso Rumazo González, "Los indígenas y los santos", domingo, Suplemento de Occidente, 5-6-88.

ahincos para obtener éste, apelaron a la esclavitud. Eso revela diferentes posiciones frente a los fenómenos económicos.

La comercialización tenía sendas diferentes en ambos grupos. La explotación del hombre, no era canon que primara por estos caminos. Una pauta de humanidad, los separaba, dándole autenticidad a sus posturas.

En lo contemporáneo, frente al desarrollo, a las relaciones imperialistas del comercio; a los criterios y proliferación de multinacionales; ante las diversas alternativas para el crecimiento hacia adentro, se han registrado orientaciones mestizas de indudable valor. Con características nuestras, pueden estar apoyadas en prolegómenos de la ciencia económica universal, pero son las nuestras, individualizadas como parte de la respuesta del continente.

El desprecio de lo nuestro

Naturalmente, los conquistadores, por desprecio, por una parte; y para mantener la subyugación, por la otra, acunaron aseveraciones contra las calidades espirituales de los habitantes de lo que ellos juzgaban eran las Indias Occidentales. No tenían alma los naturales de estas tierras. Es decir, tenían incapacidad de entender, de tener voluntad, de manifestarse racionalmente. Quedan destituidos de toda locución de carácter espiritual. Era la negación de toda virtud y capacidad creadora.

Más tarde, los viajeros que nos visitaron para explorar nuestras riquezas, volvieron a repetir muchas disertaciones contra la imposibilidad racional de dilucidar de los naturales. De esa manera, podían ejercer, todo su poder, los imperialismos, sin tener que dar explicaciones a sus excesos inhumanos. El dominio económico se podía ejercer sin ninguna limitación. En la misma desviada observación científica, razonaron europeos y estadounidenses. Lo consubstancial era crear la atmósfera para el dominio.

Volvamos la memoria hacia las teorías de Paw y de otra serie de escritores de su estirpe, todos los cuales han acentuado las desconfianzas sobre nuestro futuro. Desde la raza –cuando existía la prevención equivocada de que algunas primaban sobre las otras– hasta el trópico, la abigarrada naturaleza, se han explotado para denigrar de cualquier posibilidad. Para desterrarla. Para anonadarnos en incapacidad, invocando todos los sistemas. Sin excluir ninguno. Hegel, además, completaba el desdén diciendo que lo americano no formaba parte de la historia universal.

Nuestra historia

En la medida en que avanza el estudio de nuestra historia; cuando penetramos en ella con sentido crítico y sin obsesiones ni complejos, hallamos que sí hemos realizado una tarea. Que ésta se hace explícita en el arte y en la filosofía. En las reglas políticas que hemos ideado para el gobierno de nuestros pueblos. En derecho –en las diferentes ramas– hemos introducido figuras desconocidas en los ejemplos universales. Somos elaboradores de normas, actitudes y enunciados que nos diferencian. Y que tienen, por cierto, un aliento mestizo, que las destaca.[10]

Nuestra historia, es la dignidad, desde el primer instante. No se entregaron los líderes o caciques indígenas. Sólo sucedió cuando fueron traicionados. Vencidos, batallaban. Mantenían la protesta encendida. No hubo rendimientos cobardes. La raza no tenía desniveles morales que la hicieran poco respetable. Al contrario, sus combates la ennoblecían. La conquista y la colonia, son dos etapas de gran convulsión social. No hay reposo. Todo el tiempo se combate. Por ello no se justifica que se afirme que tuvimos un periodo de calma y somnolencia. Al contrario, las gentes guerreaban, protestaban, se alzaban permanentemente. Estaban en beligerancia, siempre. Es forcejeo contra alcaldes, oidores, y todos los designios burocráticos de España. Como no se tenía confianza en que el porvenir lo pudieran ayudar a conformar los pueblos, se ha oscurecido, mantenido en silencio, toda esa etapa. Es otro filón para los futuros investigadores, que nos podrán decir cómo era la actitud frente a las orientaciones del gobierno. Y por qué las contrariaban, apoyándose a su ancestral concepción.

Cuando proclamamos la Independencia, estábamos abatiendo los cinco imperios más grandes: España, Portugal, Inglaterra, Francia, Alemania. No es poca la capacidad de inventiba para derrocar a quienes dominaban el planeta.

La historia, ya es parte del mestizo. Indiquemos que una Real Cédula de 1514, repetida en 1515, es ratificada por Felipe II en 1556. Por medio de ellas, se autorizaban los matrimonios entre los indios e indias con españoles o españolas. Y que, a la vez, todos tuvieran entera libertad de casarse con quien quisieren. Son preceptos impuestos por las demandas sexuales, imperiosas del cruce. Nada logra detener al mestizaje.

Para entender bien este curso social, hay que admitir que lo popular no es sólo lo pintoresco. Esta es la parte que han querido destacar y señalar como parte fundamental de nuestra creación. Naturalmente, así se reduce el alcance de lo que por aquí se concibe y se expresa. Lo popular es más profundo. Es lo que comienzan a entender, en cuanto se hace evidente que nuestra identidad indo-

---

[10] Otto Morales Benítez, *Memorias del Mestizaje*, Plaza Janés, editores, 2a ed., Bogotá, Colombia, 1984.

americana nos da un sitio entre quienes pretenden tener el dominio de lo social. Un recurso para reducir la trascendencia de lo que sucedía, estaba en despreciar a los héroes populares. De esa laya, no adquirían connotaciones.

Existe una historia oficial. Otra que nace en condiciones diferentes. Pongamos el ejemplo clásico del escritor Inca Garcilaso. Sus *Comentarios Reales* estuvieron ocultos por siglos porque no coincidía con la versión oficial, con la de los vencedores. No ha sucedido con este libro, sino con muchos otros, sobre los cuales hay que hacer crítica y examen de compaginación con lo que escribían los amanuenses de la Corona, enredados entre la frondosidad del trópico.

Es que el fenómeno del mestizo, se va acentuando y creando dificultades a la Corona. Esta, en reales cédulas dirigidas al obispo de Santa María del Darién –fundación ya desaparecida en la región de Urabá, en Colombia, cercana a Panamá– autoriza los matrimonios entre indias y soldados. El imperio de lo sexual sobre las normas rígidas que pretenden detener el avance vital.[11]

Releer con otra mirada

Me parece oportuno que aprovechando los quinientos años del encuentro de dos mundos, nos propongamos releer con otra mirada, que implica un novísimo criterio de valoración, lo que enseñaron. Y lo que entregaron como justificación de lo vivido por la humanidad, hasta hoy. Durante siglos, el juicio se ha tenido que mantener en un clima de pugnacidad que ha impedido la claridad. Aceptamos que tenemos el deber de recuperar lo que entrañan nuestras culturas, ocultas deliberadamente durante tantos anales. Tenemos obligación de denunciar lo que ellas representaban y penetrar, más, en sus cualidades, en sus ramificaciones, en sus entronques y en sus relaciones con otras más antiguas y que vienen a confirmar hipótesis de cómo arribaron aquí otras civilizaciones con su mensaje. Todo esto ennoblecerá y modificará el encauzamiento tradicional de nuestros derroteros, y de los que ha sostenido, tradicionalmente, la historia universal. Presumo que se impulsará una gran revolución en la investigación.

Barrunto que sin relatar, sesgadamente, como se operó la conquista y la colonia, podremos evitar caer en la explotación de la "leyenda negra", en la cual se pierde objetividad y se desgasta la posibilidad de relievar nuestras ancestrales realizaciones como apoyo al desarrollo de las inteligencias universales. Se abandonan

---

[11] Otto Morales Benítez, *Propuestas para examinar la historia con criterios indoamericanos*, 2a ed., Editorial Tercer Mundo, Bogotá, 1986.

el debate como cotejo con tintes de dramatismo, –a pesar de la necesidad de contarlo todo– *para comenzar* a resolverse en desconocidas espirales de conocimiento mutuo.

Nuestro deber es hallar la certeza en el juicio. No tenemos por qué aprovechar estos quinientos años en hacer sólo la exaltación de Colón. Hay profesores italianos y españoles, que le dedicarán los más entrañables adjetivos de estímulo y de valoración. Justos, sin ninguna duda. Otros, siguiendo viejos resabios "hispanistas", dándole a este término su connotación política, buscarán revivir y pregonar el imperialismo, y básicamente el sometimiento intelectual, como la mejor manera de celebrar una fecha que nos halla, a los países indoamericanos, concordes en una batalla por la total emancipación intelectual; porque la política ya se cumplió hace varios siglos. Sin ninguna duda, aquéllos están profundizando en su identidad cultural. Desean manifestar cómo sienten su pasado, el más ancestral, y el que comienza con el hallazgo de Colón con estas tierra, hasta confundirnos con las más modernas versiones, que concuerdan con las diversas vigencias estéticas y culturales que han predominado universalmente.

Situados en este terreno, podemos avanzar a lo que, incitadoramente, se ha llamado la exploración de la identidad cultural de Indoamérica. Que es el revivir la memoria de los pueblos. El avanzar hacia los poderes latentes, atávicos, que vienen marcando la pauta de varias de las reacciones mestizas que nos caracterizan. No perdernos en el indigenismo –que fue una etapa fecunda e indispensable en el ajetreo cultural en estos medios– sino ahondar, sin resabios y parcialidades, en las réplicas. Las cuales no pueden estar desligadas de su permanente relación con la cultura contemporánea. Lo otro, sería ponernos linderos. Impedir que tengamos soluciones propias a los diversos prodigios de la naturaleza y de la vida del hombre. No es para tomar una postura caprichosa, ni restringida por cercos de naturaleza política, racial, económica o social. Nosotros, los mestizos indoamericanos, sabemos y aceptamos, como lo ha dicho la UNESCO, que no hay una raza que logre destacarse entre otras. O que se conserve pura; o que no tenga influencias sanguíneas de otras. Es, así, un criterio abierto, sin tasas laberínticas ni complejos. No es reacción negativa; ni protesta sorda; ni sentimiento acusatorio. Tenemos que poseer una actitud de conglomerados ya maduros, capaces de dar soluciones, en los diversos órdenes, a las complejidades que nutre el azar de vivir, en las diferentes causas universales.

Para alcanzar ésto, tenemos que leer con otra mirada. Queremos sólo señalar que los resabios de los otros, de quienes nos quieren mantener subyugados o al margen de un propio comportamiento, no nos sirven. Así libramos de confusiones a nuestros científicos, historiadores, líderes políticos. No es para rechazar, ni para tener una actitud de beligerancia, ni para imponer tesis que riñan con la existencia. No. Esa penetración crítica debe estar despojada de odios y de aberraciones mentales. Es sólo nuestra interpretación la que debe discurrir con limpieza.

Vamos a hacer una cita de una personalidad literaria, que arranca del medio del Caribe. Con ella queremos destacar que se puede recurrir a juicios de quienes no son historiadores para señalar lo que hasta aquí hemos querido exaltar. Alejo Carpentier en su novela *Ecue-Yamba-O,* dice:

> "Muerto Menegildo, nace un segundo Menegildo –su hijo– en el capítulo final de la novela. Ese tendrá veintiocho años en 1959. Habrá visto otras cosas, habrá oído otras palabras. Y, para él, "otros gallos cantarán" –como hubiese dicho el sentencioso Usebio Cué– en el alba de una Revolución que habrá de darle su dignidad y dimensión de Hombre, dentro de una realidad nueva, sobre un suelo donde, hasta entonces, por el color de su piel, tal dimensión le era negada".

En Indoamérica tenemos múltiples fenómenos para juzgarlos, y a los cuales aún no les entregamos réplicas adecuadas. De allí que se recurra al "realismo mágico". Que si leemos con cuidado los libros de los cronistas de indias, desde esos días está incrustado en la literatura que por aquí se ha escrito. Eduardo Galeano, ha relievado el hecho diciendo que "Magia es el nombre que le podemos poner a una cantidad de cosas que la razón no es capaz todavía de explicar, pero que están ahí".[12]

La opinión de los indoamericanos

Desde el Inca Garcilaso hasta el último escritor, pensador, político o artista, en Indoamérica, se advierte que tenemos alguna esencia especial, que no corresponde a la que se nos ha querido imponer, tanto por extranjeros, como por nuestros compañeros del continente, que obedece a determinantes de ultramar. Pero cada uno, consciente o inconcientemente, han aceptado nuestro mestizaje. Lo enuncian, a veces, muy tímidamente. Otros, con convicción. Desde Leopoldo Zea o Germán Arciniegas, se van entrelazando teorías, que, lentamente, han arraigado en toda la inteligencia americana. Alfonso Reyes predicaba sobre el mestizaje con lumbres en el pensamiento y en la prosa. Pedro Henríquez Ureña, o Juan Bosch lo han destacado con palabras singulares. Dos venezo-

---

[12] Eduardo Galeano, "América Latina se ignora", *El País*, (Cali, Colombia). Dominical, septiembre 1985.

lanos ilustres por su obra y su concepción de Indoamérica, Mariano Picón Salas y Arturo Uslar Pietri, han dejado líneas de pureza crítica para mirar nuestro acontecimiento continental. Miguel Angel Asturias y Luis Alberto Sánchez, en sus páginas dan dimensión de certezas a todo el acontecimiento. Octavio Paz con su prosa deja innumerables guías para mirar cuidadosamente y continuar desentrañando nuestras inmediateces. Víctor Raúl Haya de la Torre escribió densos ensayos que nos ubicaron, revelándonos cómo éramos social, cultural, históricamente. Ricardo Rojas, Angel Guido, Ernesto Sábato, José de Luis Imaz y José Luis Romero, han publicado reflexiones que destacan cómo en la Argentina la circunstancia mestiza es tan natural como en el resto de nuestros países. Augusto Céspedes, Franz Tamayo, Fernando Díez de Medina, han denunciado como debemos apoyarnos en otras referencias intelectuales –fuera de las hispánicas– para reseñar nuestra verdadera homogeneidad. En el Brasil, Silvio Romero, Gilberto Freyle y Jorge Amado, nos acomodan en el centro de un sincretismo –en diferentes composturas y diversas relaciones– que nos denuncian la unidad del continente. Es incompleta esta lista. Es parca frente a todos aquellos que se han preocupado del mestizaje y de la abundancia de sus rasgos. Así lo declaramos y entregamos excusas por las omisiones que obedecen a las exigencias de extensión de este trabajo. Queremos subrayar que las coincidencias se repiten. Que las concordancias, operan sin ninguna mezquindad. Quizás con matices diferentes, pero que no hacen sino denunciar el mismo hecho.

Una conducta y una política

Un simposio como éste, sirve para fijar en el continente, con motivo de los quinientos años del encuentro de dos mundos, una conducta y una política. La circunstancia es más favorable. La oportunidad nos sirve para despejar prevenciones y para despojarnos de todo el arrume de mescolanzas que pesan sobre la vida histórica, política y social de los indoamericanos. Ninguna época tan fecunda para proclamar una voluntad de cultura y reafirmarla. Para no desviarnos. Para declarar nuestra mayoría de edad. Sin despegarnos de lo universal, sin renegar de sus enseñanzas, reconfirmar que ya tenemos una filosofía y un arte, que dan una presencia propia y que se pueden contraponer, en calidades y en calado, a otros países.

El tiempo político es favorable, porque en el universo, hay una afirmación de continentes que se tuvieron como minusválidos. La circunstancia de que hubieran padecido el dominio extranjero, durante siglos, les había impedido pronunciar su voz con sus creencias. Hoy no se atreven a desconocerlas. No las conocemos en sus íntimas esencias, porque sólo ahora comienzan a irradiar. Un poco sucede, también, con los indoamericanos. Y no será posible detener su desarrollo.

Una historia de Indoamérica

Una de las condiciones especiales que estimula esta circunstancia de los quinientos años que se van a celebrar, es reformular las técnicas, tesis y principios hacia las cuales se debe dirigir la historia de Indoamérica. Es repasar el pretérito con otra mirada crítica. Sin olvidar que España y Europa, nos han suministrado múltiples elementos, valdría la pena indagar qué les hemos aportado como continente. Hay dos libros del maestro Germán Arciniegas *América en Europa* y *El Revés de la historia*, en los cuales hay una enumeración de concesiones que se han hecho de aquí para allá. No sólamente contempla la variedad de tesoros y de productos, sino cómo ayudó Indoamérica a transformar el pensamiento occidental. El encuentro de los dos mundos, desató una verdadera revolución. Fue un cambio, hondo y definitivo, en materias relacionadas con la organización del orbe. Que modifica parte esencialísima del aparato científico. Que destruía prédicas religiosas. Que contradecía verdades que habían prevalecido varios siglos. Nuestra condición de continente que irrumpe inesperadamente, revolucionó lo ideológico, la dirección política, la economía y la alimentación, lo mismo que parte fundamental de los basamentos de la ciencia y de la tecnología. Debemos, por lo tanto, rescatar ese aporte y denunciarlo ordenadamente.

Durante demasiado tiempo –y la actitud se prolonga hasta nuestros días– no se le ha dado, en la historia nuestra, la importancia que tiene el pueblo en las grandes hazañas. Aquí se concibieron teorías políticas que no se acomodaban a los regímenes que regían en España y en Europa. A la vez, reglas jurídicas que hoy tienen validez universal en derecho, se fueron imponiendo. Las consignas populares, fueron modificando demasiados principios. En la conquista, las luchas –desiguales en cuanto a la técnica y las armas– se libraron con una ardentía y con derroteros claros en lo que defendían. Es recomendable organizar todos esos materiales, para adquirir conciencia de los sistemas que defendieron, en su época, y que son, desconocidos o mal analizados. La resistencia de los héroes de nuestros países, engrandece imágenes –hoy opacadas por la reseña oficial escrita por España– que destellarán como fulgores de la libertad y la dignidad humana. Son hombres que se deben incorporar a la epopeya indoamericana, en el lugar que les corresponde por su heroísmo y el coraje para desafiar adversidades. No puede existir una crónica en la cual sólo tienen relieve, de medallón, quienes vinieron a imponerse y a sojuzgar. Aquellos son los indios sin leyenda. No podemos soslayarlo, son nuestra gesta.

Los recientes análisis, tienen que volcarse sobre el problema religioso, sobre el arte barroco, sobre la convergencia de sangres para conformar el tipo del mestizo. Voy a poner un ejemplo para mí muy elocuente. Creo que se repite en todos nuestros países. La Revolución de los Comuneros, se ocultó durante años. Los investigadores poco se inclinaban hacia ese lado, donde la pasión y la decisión de unos campesinos, anunciaban la primera gran arremetida colectiva popular. Comienzan a enunciarse las características que la distinguen; la extensión que logró en el espacio; la alta comprensión que política y económicamente alcanzó. Y, también, cómo las mujeres fueron claves en su acción. En cuanto se profundiza, van emergiendo más poblaciones comprometidas en la revuelta. Sin ninguna duda, se amplía el contenido y significado de lo popular. Esto merece redimirse, pues contra ella se erigieron barreras y desdenes. No ha existido clasificación honesta para las proezas de nuestros pueblos.

Otra desviada insistencia contra la cual hay que combatir, es sobre el dañino juicio de que lo popular es pintoresco. Este enunciado conlleva alcances de ridiculez. Aquello es más hondo y corresponde a otros dictámenes. Son la esencia y raíz de las grandes conmociones. Los predecesores dejaron sus mensajes escritos en los cuales hay una visión global de la humanidad. Desde el *Popol Vuh* hasta *El desierto o prodigioso y Prodigio del desierto*, de Pedro Solís y Valenzuela, aceptada como la primera novela de este continente, según las deducciones de los investigadores, especialmente del profesor Héctor H. Orjuela.

Dentro de estas disertaciones, lo económico y social, debe tener una gran incidencia en los juicios. Son valores que es indispensable examinar sin parquedades. Ambos aspectos, han estado ausentes, en parte apreciable en el juicio histórico indoamericano. Como nos hemos preocupado, muy poco, por revaluar las figuras políticas y jurídicas que aquí nacieron y se impusieron, internacionalmente.

En la literatura, tenemos nuestra propia manera de comunicarnos y representar, en lo escrito, actividades y emociones. Otro grupo de valores indoamericanos, entre los creadores, nos singularizan con características propias. Tomás Carrasquilla, Mariano Azuela o Martín Luis Guzmán, Rómulo Gallegos, José Eustasio Rivera, Machado de Asís, Ricardo Guiraldes, Ricardo Palma –para citar muy pocos nombres y evitar un directorio de fabuladores– les dan un sello peculiarísimo a nuestras producciones. No tienen emparentamiento ni en los temas, ni en la manipulación del idioma, con lo que nos envían de ultramar. Claro que algunos escribidores trataron de imitar lo foráneo. No permitieron que asomara su propia autenticidad. Descuidan en los juicios el examen global. Somos un continente que hemos ido elaborando teorías literarias, y la postura frente a los desgarramientos o alegrías colectivas corresponden a una uniformidad propia. No hemos dado saltos. Si revisamos la creación indoamericana, hallaremos que ella se ha ido estructurando continuamente. Ahora el *boom* da cuenta de otro periodo en la evolución. E influimos, desde el pundo estrictamente del novelar, sobre Europa.

Esto nos acredita para formular la propia teoría histórica. Hay que analizar el pasado, no como simple apéndice de lo español, sino como muestra de lo que nos da sello de autenticidad. Como nos educaron con imágenes griegas, por eso tenemos desprecio sobre lo mestizo, que irrumpe, en la comparación, ligeramente irregular. Son defectos de óptica y de objetividad en las referencias a las propias circunstancias. Ha habido que pelear mucho cada avance en la aceptación de estas teorías. José Martí decía: "El mestizo natural ha vencido al criollo artificial, europeizado".

Vamos a terminar citando a los dos escritores mexicanos con los cuales comenzamos los juicios que hemos consignado en estas líneas. Lo hacemos como homenaje al país que nos convoca a la reflexión: el profesor Leopoldo Zea, escribió en su libro *América como autodescubrimiento*[13]: "Si 1492 fue el inicio del encubrimiento al uno y al otro lado del Atlántico, 1992 debe ser el año en el que los pueblos que forman esta gran región, realicen su propio y peculiar descubrimiento". Y el maestro Alfonso Reyes nos incita a entender, cuál es la peculiaridad y la trascendencia del mestizaje: "Hay choques de sangres, problemas de mestizaje, esfuerzos de adaptación y absorción. Según las regiones, domina el tinte indio, el ibérico, el gris del mestizo, el blanco de la inmigración europea general, y aún las vastas manchas del africano traído en otros siglos a nuestro suelo por las antiguas administraciones coloniales. La gama admite todos los tonos. La laboriosa entraña de América va poco a poco mezclando esta sustancia heterogénea, y hoy por hoy, existe ya una humanidad americana característica, exite un espíritu americano. El actor o personaje, para nuestro argumento, viene aquí a ser la inteligencia".

---

[13] Leopoldo Zea, *América como autodescubrimiento*, Instituto Colombiano de Estudios Latinoamericanos y del Caribe, Publicaciones Universidad Central, Bogotá, 1986.

¿QUÉ HACER CON QUINIENTOS AÑOS DE HISTORIA?

V

¿QUÉ HACER CON QUINIENTOS AÑOS DE HISTORIA

Abelardo Villegas
México

La respuesta, aparentemente, es obvia: nada. Nada porque ya pasaron. En realidad, quienes podían haber formado y contestado esa pregunta fueron los contemporáneos de Colón, pues ellos tenían esos quinientos y más años por delante. En ese futuro podían plasmar un proyecto histórico, como efectivamente lo hicieron; pero nosotros, en realidad, nada podemos hacer.

Ciertamente hay una respuesta que ya es clásica en relación con ese tipo de preguntas y corresponde a Leopoldo Zea. Desde sus primeras obras, Zea insistió en que debemos superar nuestro pasado histórico, entendiendo el término en sentido hegeliano. Este alude a una operación de la conciencia histórica que consiste no en olvidar el pasado sino, al contrario, en recordarlo, pero de cierta manera, como un cierto tipo de recuerdo especial que convierte al pasado en una auténtica experiencia; en una experiencia histórica que, como tal, ya no tiene vigencia. Es decir, es un recuerdo sin vigencia.

Esta idea cara a muchos intelectuales latinoamericanos puede ilustrarse, cuando menos aparentemente con el incidente ocurrido el pasado 12 de octubre en el Monumento a Colón, en la ciudad de México. Hubo un enfrentamiento entre quienes conmemoraban el evento y quienes consideraban a Colón como el iniciador de una cruenta conquista, tal como si ese acontecimiento hubiera ocurrido apenas ayer, y como si los grupos oficiales que en América Latina explotan a los indios fueran los propios secuaces de Colón. Esto es como dotar de vigencia a un acontecimiento que ocurrió en el pasado. Ocurrió, ciertamente, pero la explotación del indígena no es hoy realizada por los secuaces de Colón.

Este concepto de vigencia es coincidente con otros que se utilizan en el psicoanálisis y en los que se describe cómo un individuo puede ir viviendo su pasado, liberándolo de él y curándolo de su neurosis. En ambas doctrinas, la psicoanalítica y la hegeliana, la memoria y la conciencia tienen una función terapéutica y son libedoras de la neurosis o de la vigencia de un pasado ominoso.

Este cobro de conciencia del pasado, en tales términos, lo hemos venido realizando muchos que nos consideramos seguidores del maestro Zea. Pero ateniéndome a la letra de la pregunta, de lo que se trata ahora es de hacer algo. Por tanto, doy sentado que la toma de conciencia del pasado debe ser una de nuestras tareas permanentes, y paso seguidamente a otra cosa. En las sesiones a las que he asistido en este simposio, tal como lo observó agudamente el doctor Ignacio Sosa, se manejan varias parejas de conceptos: las más importantes colonialismo y liberación, tradición y modernidad. Decir que debemos celebrar el V Centenario del evento colombino en una América sin colonias, que debe haber integración de masas y que debemos entrar con paso firme a la modernidad, es decir mucho, pero no lo suficiente.

Como se ve, ya no estamos en el pasado sino en el futuro, y lo que discutimos es un proyecto histórico y no una toma de conciencia del pasado. Debemos mirar hacia adelante y no hacia atrás, aunque sabemos que el pasado es condición de posibilidad del futuro; condición de posibilidad y no causa determinante.

Entonces, hablemos de colonialismo. Los latinoamericanos estamos en trance de liberarnos de la opresión económica y política que realizan los grandes imperios, pero hoy, como en 1810 ó 1820, debemos preguntarnos hacia dónde iremos, una vez que estemos liberados. La generación de la Independencia y la primera generación liberal, surgida a la vida política más o menos en 1820, se preguntaban cómo iban a organizar la nación después que se emanciparan de España. Ahora podemos hacernos una pregunta parecida. No sólo se trata de lanzar mueras al colonizador sino de interrogarnos como Lenin "¿Qué hacer?" y como Kant "¿Qué debemos hacer?".

La cuestión tiene su miga porque, como todos sabemos, la principal forma de dominación no consiste en la opresión económica o política, sino en el hecho de que el dominado asuma las metas históricas del dominador. Es decir, la dominación de nuestro tiempo es una dominación integral, y la liberación no puede ser por partes; no podemos proponernos liberarnos del colonialismo y, al mismo tiempo, aceptar el concepto de modernización del imperio.

En los inicios de este siglo, inspirados en el *Ariel* de José Enrique Rodó y, un poco a trasmano, en el pensamiento de Renan, algunos filósofos mexicanos, miembros del Ateneo de la Juventud, propusieron que efectuáramos una arriesgada operación histórica. Formados en el positivismo, ellos aceptaban los sistemas educativos fundados en el saber científico; consideraban que estaban un tanto truncos al prescindir de la metafísica, pero lo que no podían aceptar era la moral del darwinismo social como se sustentaba como congruente con una civilización científica y tecnológica. Ellos proponían una suerte de moral espiritual, a la manera de Rodó, y ciertamente fundada en valores cristianos como el desinterés. Claro que no advirtieron que una sociedad basada en la ciencia, en el desarrollo tecnológico, y en el desarrollo económico, términos todos ellos indiscernibles, no era congruente con una moral del desinterés, del tipo de la de Pascal. Por eso, pienso que fracasaron; se trataba de una operación quirúrgica de un todo orgánico, en el que el desarrollo tecnológico así como el económico bien pueden ir de la mano con el darwinismo social, pero no con la caridad cristiana. La operación consistía en desmembrar lo que se ha mostrado históricamente como un todo.

¿No ocurre ahora lo mismo? ¿No hay incongruencia entre un proceso de liberación y la adopción de un modelo histórico de modernidad cuyos graves defectos ya tenemos a la vista y cuyos principales paladines son precisamente los imperios? ¿Qué es lo que debemos entender por modernidad? En otras ocasiones me he pronunciado a favor de la idea de que la utopía de la modernidad está en bancarrota. Esta utopía, enunciada en pocas palabras, afirma que la felicidad del hombre consiste en la posesión de las cosas. Me he referido con frecuencia a la *Nueva Atlántida* de Francis Bacon, en la que el filósofo inglés sostiene que la felicidad de los utópicos radica en la posesión de objetos como refrigeradores, teléfonos, cinematógrafos, etc. Pero considero que, si en el siglo XVII esa utopía era plausible, ahora ya no lo es. En nuestra época, desde la aparición de *El mundo feliz* de Huxley abundan las utopías amargas en las que contrasta la abundancia de objetos y de riqueza con la permanencia de ominosas formas de vida. Creo que ya casi nadie se asombra de los avances tecnológicos, porque ellos están en el horizonte de posibilidades del hombre contemporáneo. En cambio, el avance de las relaciones sociales e individuales es todavía muy raro, y sí procede el asombro cuando se les encuentra. Esta utopía, entendida como abundancia de objetos, como masivas formas de consumo, nos ha puesto al borde del desastre total y, además, mantiene las relaciones de dependencia, en tanto que la producción incesante requiere consumo masivo e indiscriminado.

Un autor sostiene que, en nuestro tiempo, no nos caracterizamos por la clase social a la que pertenecemos ni por el país tercermundista o no en el que habitamos. Lo que nos caracteriza es el consumo. Pero aquí cabe distinguir matices. Hace años, trabajando sobre las ideas políticas de América Latina, me encontré con que una supuesta burguesía latinoamericana vivía y consumía como la burguesía de los grandes países industrializados, pero no producía igual que ésta, sino muchísimo menos. Incluso, considero que una de las causas de la agobiante deuda externa consistió en el prurito de mantener ciertos niveles de vida, cuando menos de ciertos grupos sociales, sin la correspondiente actividad productiva. De hecho, estamos en la modernidad, pero en su lado sombrío, y por eso nos preguntamos si cuando queremos modernizar la América Latina lo que estamos formulando es un deseo de pasarnos al lado soleado, es decir, al lado explotador. Ya el maestro Zea ha insistido que, en el siglo *XIX*, algunos prohombres latinoamericanos quisieron hacer de sus países los Estados Unidos de Suramérica, formulando con ellos pretensiones hegemónicas, que no eran más que imitaciones ideológicas de los auténticos imperios. ¿Es ésta la modernidad la que queremos? ¿Es en esta modernidad en la cual deseamos integrar a las masas de la América Latina? La sospecha de que sigamos un rumbo equivocado me surgió analizando el fenómeno chicano. Muchos mexicanos-norteamericanos, discriminados en el país del norte, volvían sus ojos a la cultura mexicana para recuperar su identidad. Pero en esta tarea no existía la intención de regresar a su pueblo, sino de integrarse como ciudadanos de primera en los Estados Unidos, cuya economía y cuya política nos mantienen en una relación de dependencia. De hecho, lo que querían era incorporarse a los explotadores; y en la medida en que lo han venido consiguiendo, en la medida que han sido considerados ciudadanos norteamericanos de primera, se ha venido atenuando el radicalismo de su posición, al grado de que alguien dice que el chicano es un animal en extinción.

Tenía razón Vasconcelos cuando decía que toda nueva civilización debe formular su peculiar visión de la cultura universal. En este caso, necesitamos aportar nuestra propia versión de la modernidad. Si nos emancipamos, tenemos que elaborar una civilización científica y tecnológica congruente con una ética humanista que tenga como imperativo primordial proponer relaciones verdaderamente humanas, en el seno de la tecnología, la ciencia y la economía. No quiero hablar ahora de cuáles podrían ser los fundamentos teóricos de semejante civilización, pero mucho está dicho en aquella carta en la que el Che Guevara dibuja el perfil del hombre del siglo *XXI*. Esto no implica mi adhesión incondicional a las formas históricas del socialismo, porque en el mundo socialista hay unos países que sojuzgan a otros, y unas clases sociales que dominan a otras. Ni con mucho han logrado eliminar lo que Marx consideraba la prehistoria humana.

LA HISTORIA COMO REAFIRMACIÓN O COMO DESTRUCCIÓN

Alejandro Serrano Caldera
Nicaragua

El problema de la identidad

Es proverbial la desunión de los países latinoamericanos, aún en los foros y reuniones en donde los intereses regionales comunes con frecuencia se ven imposibilitados de realizarse.

Lejos de la realización del sueño bolivariano de unidad nos encontramos no sólo desunidos sino que a veces también confrontados en situaciones cuyo grado de criticidad es variable.

Una serie de elementos podrían ser descritos en el afán de tratar de esclarecer la o las causas más de fondo del problema, pero, quizás, la que se me ocurre más relevante, tiene relación con el hecho de la carencia de una verdadera identidad, con la ausencia de un auténtico sentido de nación.

En América Latina el estado, transpuesto de Europa, se construye siguiendo al modelo occidental antes de que exista la nación.

En Europa, en cambio, el sentido de nación, como común denominador al que convergen no pocas disimilitudes y contradicciones, subsiste antes del estado que será su forma de organización y administración jurídico-política.

En Europa, las diferencias han logrado integrarse y las contradicciones han podido producir una síntesis; en América Latina las diferencias no se han integrado, se han superpuesto y las contradicciones siguen sin producir su síntesis.

La nación europea que se forja en el siglo XVI, trata de formarse en los países de América Latina en el siglo XIX y en el siglo XX sin haberlo logrado del todo.

Nuestros pueblos están en una fase de ajuste del tiempo histórico, aunque claro, ni las circunstancias, ni la idiosincrasia, son las mismas, sino significativamente diferentes. En Europa, los Estado demarcaron una suerte de nacionalidad común formada de contradicciones y diferencias que hoy tratan de reencontrarse a partir de la Comunidad Económica Europea. sin prejuicio de las especificidades de cada historia y de las confrontaciones y diferencias –piénsese en las dos guerras mundiales, en la división entre la Europa del Este y la del Oeste–, existe una especie de denominador común que le otorga un cierto sentido de unidad. Creo que uno de los elementos de este fenómeno es que la cultura se ha forjado como síntesis y en un momento dado, las varias naciones se organizan en forma de estado. En América Latina, en cambio, el estado se organiza sin que exista todavía plenamente la nación.

Pero como quiera que sea, la búsqueda del estado independiente del poder colonial de España o Portugal, es ya de por sí, una forma de expresión de la búsqueda de la nación.

Por otra parte y por circunstancias históricas muy precisas, América Latina no ha tenido una síntesis cultural que defina a partir de ella su propio rostro, sino que ha experimentado una superposición de culturas: indígena, española, —— y los intentos de recuperación fragmentaria para imponer una de ellas, indigenista, hispanista, europeísta.

Creo que hasta en la segunda mitad del siglo XX, una expresión de síntesis comienza a manifestarse en su literatura, sociología, filosofía, teología, pintura y poesía.

La política busca también su propio ser frente a una dominación avasallante del imperio norteamericano.

La búsqueda de nuestra cultura, expresiones e instituciones, es testimonio de esa historia tormentosa del latinoamericano abierto como pocos al mundo para tratar de encontrarse, lanzado a todos los espacios y a todos los horizontes y volcado sobre sí mismo tratando de aferrar el núcleo de su ser. Fuerzas centrífugas y centrípetas, explosión e implosión, expansión y contradicción, forman el tejido de tendencias coincidentes y contradictorias, el difícil camino de encontrarse a sí mismos y la ingente tarea de sedimentar un ser y una identidad en sólo quinientos años, para recuperar el tiempo roto por la acción de la colonia y la conquista.

La lucha por la identidad, no es sólo un problema de identificar las raíces del pasado, es sobre todo un problema del futuro, el desafío a la supervivencia como pueblos y como culturas. La consolidación de la cultura, de la nación y de la identidad nos permitirá frente a la cibernética, la microelectrónica, la aplicación nuclear y la tecnología avanzada, poder asimilarlas mediante una adaptación tecnológica racional y además compatible con una cultura ya establecida.

Los procesos revolucionarios y las luchas de liberación en nuestra América deben responder en su raíz más profunda a esa búsqueda de la identidad y a esa reafirmación de la nación. La nación más que una idea o una realidad, es un sentimiento individual y colectivo intenso, más que una noción esclarecida por la razón, es una pasión, una sensación instintiva, una necesidad de seguridad, el punto de referencia, la tierra firme de un ser todavía incierto y ambiguo, el proyecto de futuro.

Todas las otras expresiones de las luchas revolucionarias más visibles e inmediatas, la justicia económica, política y social, la libertad y la ideología, están engarzadas en este sentimiento profundo, razón y pasión de lo latinoamericano.

Por ello, mientras ese proceso no esté realizado, mientras fuerzas externas interrumpan el desarrollo necesario de la historia, difícilmente esa fuerza que es más profunda que las ideologías, podrá ser neutralizada definitivamente. El reconocimiento y aceptación de las tendencias de la historia podría permitir a los Estados Unidos una actitud diferente, ellos no ponen en juego su subsistencia con reconocer esta realidad, nosotros si.

La revolución debe ser por ello en nuestro tiempo y espacio y en su sentido auténtico la forma de recuperación profunda de nuestro ser histórico enajenado.

Ruptura, cierto, para recuperar lo permanente; cambio, si para establecer la dimensión constante de cada historia que hace del pasado una entidad vida superada en el presente y no una objetividad muerta, ni un sentido condenado a resolverse en el vacío y en la nada como el tejido de Penélope o como el esfuerzo de Sísifo empujando eternamente hacia arriba la roca del sacrificio que volverá a descender al fondo del abismo apenas llegada a la cumbre.

La vida de los pueblos es sucesión y contradicción, movimiento y encadenamiento de afirmaciones y negaciones y no un punto fijo, que, como luz de acero congelada, yace solitaria en el universo inmóvil de Parménides.

La dificultad de encontrar nuestra identidad y la ausencia de la nación como realidad y sobre todo como proyecto está en la raíz del problema de la unidad latinoamericana, realidad complementaria, de segundo grado y en relación dialéctica con el problema de la identidad y de la nación.

Un doble asunto aparentemente contradictorio, pero realmente complementario se ofrece, pues, ante nosotros; el problema de la nación y al mismo tiempo el problema de la región. No podemos esperar una identidad latinoamericana sin una previa reafirmación nacional.

Si América Latina debe ser una unidad de diversidades, cada una de estas diferencias debe partir, precisamente, de todo aquello que consolida y fortalece una realidad nacional.

Nuestro proceso hacia la identidad debe orientarse, pues, a la reafirmación de la nación que es una especie de reencuentro consigo misma, la recuperación del propio rastro y del propio rostro.

Lo nacional se expande y consolida en los aspectos que regionalmente nos son comunes. Lo asumido como valor compartido, aspiración común y destino posible de nuestros pueblos se profundiza en cada una de las realidades nacionales.

En este sentido, el concepto de nación ha devenido, además, un conjunto de principios y de valores que subyacen como un común denominador a muchas historias particulares, como una actitud frente al imperialismo, que desnacionaliza, y frente a su expresión más actual y desarrollada: las sociedades transnacionales. Si el antimperialismo es un elemento fundamental del sentido de nación, deviene, por lo mismo, un elemento constitutivo común junto con otros particulares.

Históricamente ésto se explica en tanto que el imperialismo no es sólo un elemento externo, pues ha devenido interno al encarnarse en la historia de los pueblos dominados.

Un pueblo al cual se le mistifica su lengua, su cultura y sus formas de vida cotidiana, sea por imposición directa o por una dominación cultural más sutil, es un pueblo en fase de desaparición, pues se le adulteran los elementos en los cuales puede reconocerse. Si el colonialismo y el imperialismo constituyen la causa fundamental de negación de la nación, la lucha contra ellos es la reafirmación primaria de la nación y la expresión más fuerte de identidad.

La revolución asume actualmente este sentido en el Tercer Mundo, pues no sólo devuelve la realidad de la nación, sino que ella misma en su propio acto de rebeldía es ya una confirmación de la voluntad nacional.

América Latina, en su expresión específica de naciones particulares y por los caminos que cada país considera el adecuado de acuerdo a sus propias realidades, buca la reafirmación de su identidad nacional. En ese empeño, existen sin embargo, elementos que son comunes a todos los pueblos latinoamericanos y hacen de la región, sin perjuicio de las diferencias particulares, una unidad de realidades y espectativas. El enfrentamiento entre la reafirmación nacional y la expansión del imperialismo norteamericano dotan a América Latina –y a partir de esa contradicción fundamental– de una dimensión histórica común que podría permitir considerarla como una unidad.

El problema en su raíz es, pues, pensamos nosotros el problema de la identidad nacional, problema que tiene que ver con la falta de síntesis y, consecuentemente, con la superposición de expresiones culturales o con una débil retroalimentación.

La destrucción de la cultura indígena ha impedido que ejerza una acción dialéctica considerable en la elaboración de una síntesis que sea fruto de esa confrontación. Lo característico ha sido más bien la existencia de la dualidad, cultura dominante y cultura dominada más que la resultante de una nueva expresión cultural.

¿Cuál debe ser nuestra actitud ante esta situación? "¿Será posible –se pregunta Luis Villoro– descubrir más allá del ser que en nosotros negamos una vida auténtica?... "Se concibe entonces la esperanza de que la negación del pasado enajenante haga descubrir un ser auténtico antes encubierto...?".

Las culturas precolombinas tienen, ciertamente, toda la fuerza del símbolo que asumimos para rechazar la cultura de la dominación y más que nada, la dominación por la cultura, toda la carga emotiva con la cual, trémulos, descubrimos la autenticidad de nuestro ser remoto, antes de la enajenación originaria, todo el valor político y moral que ponemos al lado del indio usurpado hasta en su propio ser y que enfrentamos contra toda suerte de dominación y manipulación contemporánea.

Por espíritu de elemental justicia hay un sentimiento de solidaridad que colocamos en el altar del indios sacrificado, melancolía del pretérito por siempre ido, fuego remoto que ilumina y abraza todas nuestras rebeldías.

No existe lucha, sacrificio y acto heróico que realice el latinoamericano de hoy que no lo haga pensando en el marginado, en los desheredados, en el indio cosfiscado para la historia.

Ese es el combate sin tregua que se produce todavía en el alma del latinoamericano, desgarrada entre lo europeo y lo indígena. Sin embargo, no podemos revivir nuestra autenticidad precolombina para alcanzar la identidad contemporánea. Ningún país de la América Latina de hoy puede organizar su vida civil, política y social como lo hicieron los Mayas, los Aztecas o los Incas. La sociedad indígena es un símbolo y como tal tiene que ser asumida. Lo contrario sería hipostasiar el símbolo en una falsa realidad. "La atribución al símbolo... de los caracteres que simboliza, dice Luis Villoro–, conduce a una forma de pensamiento mítico. Este proceso de mistificación sólo puede acontecer cuando se acepta el símbolo sin reconocer su carácter simbólico".

Pero estas reflexiones cubren sólo un aspecto del problema, aquel dirigido al poblador blanco o mestizo de nuestras tierras latinoamericanas frente a la confrontación originaria. Queda otro, acuciante y dramático: el de los pueblos indígenas que conservan su pureza racial y formas de organización socio-política precolombinas dentro de Estados-Naciones para los que son extraños y a los que nunca verdaderamente se han sentido incorporados. ¿Qué hacer? Nosotros en Nicaragua y ante la situación de las etnias Miskito, Sumo, Rama Creole y Garifono, hemos optado a nivel de la Constitución Política y de un Estatuto especial, por establecer la autonomía de estos pueblos indígenas. Opción que es resultado de un diálogo y una práctica en busca de la mejor solución.

Alternativa que no es una concesión del Estado, sino el fruto de un acuerdo sobre el propio terreno y con las propias poblaciones autóctonas.

En esta definición constitucional y estatutaria se superan los conceptos de asimilación, integración o incorporación contenidas en los instrumentos internacionales y en la propia legislación nicaragüense pre-revolucionaria sobre la materia.

No se trata de integrarlos a una plataforma dominante, ni de asimilarlos a una cultura hegemónica; se trata de que juntos, dentro de un concepto nuevo de Estado-Nación, forjaremos esta nación multiétnica y multilingüe, este Estado cuyos objetivos están orientados a favorecer al pueblo como unidad básica de la nación y a reproducir, justamente, los valores de estas entidades múltiples de nuestra historia.

Aquí se integraron el valor de la independendencia y de la soberanía nacional, que es un prerequisito dentro de un nuevo concepto del Estado-Nación, con el valor de la autonomía de las etnias.

Es un reconocimiento a nuestras raíces más profundas al tratar de reconocernos también en estas etnias y en el indígena en general. En el indígena que durante siglos transitó por los viejos caminos de la patria. Amigo antes que nadie de antiguos árboles y de eternos volcanes, mares, lagos, bosques y llanos. Expresión de la armonía del hombre con la naturaleza. Parte del paisaje donde acunó sus sueños bajo las estrellas de la tibia noche tropical. Donde forjó su vida y su historia en esa tierra de luz, de fuego y de amor. Al indígena que es nuestro pasado truncado, el que entendemos, no como nostalgia de un rumor de alas antiguas que posan su vuelo sobre la melancolía; sino como semilla del presente y del futuro. Del futuro de la nueva nación nicaragüense donde el indígena es una de sus expresiones principales. De una nueva nación que se forja en medio de una guerra de agresión y que busca desde la entraña misma de su dolor un destino de paz, de amor y de libertad.

Descubrimiento y encubrimiento

Nos acercamos a 1992, fecha en que se cumplirán quinientos años del quiebre definitivo y por la fuerza del círculo de una historia y la apertura de un tiempo vasto, inescrutable y difícil al cual hemos sidos lanzados y del cual tenemos que hacernos cargo con decisión y firmeza a pesar de los desgarramientos y obstáculos. De un tiempo que es también un espacio más inmenso que el mar de Colón, en el que todavía no se avizora la tierra firme, sino sólo la línea imaginaria del horizonte que se aleja de nosotros siempre que avanzamos hacia ella.

Vamos pronto a conmemorar los 500 años de una fecha capital, y las palabras también descubren o encubre y nos estamos moviendo entre un eufemismo, "Encuentro de dos Mundos", y una paradoja, "Descubrimiento". El eufemismo, "Encuentro de dos Mundos", oculta la realidad del sometimiento por la fuerza, la paradoja, "Descubrimiento" invierte los términos de la realidad, pues en verdad el indio descubre y el español encubre.

El indio *descubre* atónito y con horror un mundo distinto al suyo al que ha sido arrastrado por la violencia y que le es impuesto por la fuerza: lengua, religión y dioses; cultura y valores.

El español encubre el mundo que encuentra por error en su camino y de ese accidente geográfico hace un accidente de la naturaleza y destruye, mata y viola y sepulta templos y dioses dejando encubierto bajo los túmulos de la insensibilidad y la barbarie el alma de un mundo diferente, su otro yo, su propia alteridad.

Hijos de padre violador y madre violada, tenemos, sin embargo, que superar nuestra naturaleza desgarrada; ir más allá del odio y la venganza, pues no hay a quien odiar ni a quien cobrar venganza. Somos nosotros mismos y al mismo tiempo el uno y el otro. Debemos hacernos cargo en forma lúcida de esa doble condición. Fundar nuestro ser y nuestra historia en la zona más transparente de la conciencia y comenzar a ser para el futuro.

Después de estos primeros 500 años el presente sigue siendo difícil y el futuro incierto.

La post-modernidad

Nuevos problemas se agregan a los viejos no resueltos conformando un tejido de complejidades con el cual debemos enfrentar este tiempo llamado ya por algunos la post-modernidad sin que hayamos alcanzado todavía la modernidad.

Pero ¿es necesario ser moderno para ser actual? ¿y habrá que situarse en los cánones de la post-modernidad para tener derecho al futuro? Quien sabe. Creo que para nosotros el futuro sólo tendrá sentido si logramos rescatar nuestro pasado y construir nuestro presente.

Es imprescindible antes que nada ser nosotros mismos, comprometidos con nuestra cultura, creencias y artes, con nuestra historia y con nuestra geografía, con el paisaje y con los valores que nos son comunes. Sólo si logramos consolidarnos en un común denominador podremos enfrentar nuestras propias diferencias y las contradicciones con el mundo que nos rodea (o que rodeamos nosotros desde la periferia) y con el tiempo en que vivimos. Sólo reafirmando la particularidad podremos ser universales.

Antes que nada tenemos que hacer crítica del desarrollo, del progreso y de la modernidad.

La fe ingenua rendida en los altares del progreso tiene sus riesgos. La técnica se ha desarrollado en forma extraordinaria, y eso es maravilloso, pero dudo que el hombre sea hoy más humano que hace dos mil quinientos años, y eso es deplorable. No se trata de detener el desarrollo de la técnica, sino de no perder la dimensión humana en el progreso.

Se trata de no dar por sentado de manera simple y dogmática que hoy es mejor que ayer y que mañana será mejor que hoy, simplemente porque el tiempo, y con él los avances tecnológicos, ha pasado.

Es necesario superar la concepción lineal del tiempo que está en el origen de todos estos dogmas.

Para los Mayas la concepción del tiempo era circular; para Hegel el tiempo total es el ciclo del desarrollo del Espíritu Absoluto que sale de sí y vuelve a sí mismo. Nietzsche nos habla del Retorno Eterno.

No estemos tan seguros que el hombre de las capitales de la modernidad o de las Metrópolis del progreso sea mejor que los hombres de la Atenas de Pericles, o que los habitantes de la sociedad Maya, o los pobladores del Imperio Azteca.

La historia humana no es una línea continua formada por la unidad de puntos sucesivos en los que unos están alineados detrás de los otros, ni una escala de numerosos peldaños en la que unos están por encima de otros y así sucesivamente, estableciendo valores de superioridad para el que supuestamente está adelante o arriba. La historia es un acontecer de imprevisible novedad, como nos lo recuerda Bergson, y en ella todo presente lleva dentro de sí inevitablemente su pasado. Las ideas hijas –dice Ortega y Gasset– llevan en el vientre a sus madres.

Aceptar la idea lineal del tiempo y la idea del progreso como necesario desarrollo de la historia, es aceptar como un dogma infalible la racionalidad eurocéntrica, el arquetipo de valores de Occidente, las etapas del desarrollo de Rostow y la lógica del capitalismo.

Reafirmar nuestra identidad y con ella nuestra cultura y nuestros valores para que unidos a ellos podamos proyectarnos universalmente, ha de ser nuestro propósito esencial, nuestro objetivo fundamental para el futuro próximo. Reafirmar los valores universales e integrarlos a nuestra cultura fundamental, ha de ser un propósito esencial de nuestra reflexión y de nuestra acción, integrar lo nuestro en el plexo de valores universales que informan la post-modernidad para actuar sobre ella y contribuir a transformarla, es complemento indispensable de esa dialéctica que discurre entre lo particular y lo universal.

Tecnología e identidad

En un cierto sentido la Revolución Tecnológica corresponde al momento del análisis disociador. La sociedad misma que deriva de ella, es en su estructura, comportamiento y valores una disociación analítica. El sentido de unidad está disperso en fragmentos; el desarrollo de la ciencia y la técnica, lo mismo que el auge de la especialización, permiten, por un lado, el conocimiento parcial de los fragmentos en que se desintegra la totalidad, pero por otra parte, esta diáspora conlleva a la desarticulación de la realidad unitaria, del concepto y del sujeto cognoscente, tanto en su relación con los objetos como consigo mismo. La sociedad y el hombre contemporáneo viven también una crisis de síntesis. La ciencia separa para el análisis, la técnica es un producto desagregado, el hombre avanza, tal vez, en el perfeccionamiento del conocimiento del mundo pero a su vez se ve separado de sí mismo. Un microordenaror es capaz de reconstruir una sinfonia de Beethoven pero no de crear a Beethoven.

El problema es entonces cómo integrar la tecnología a la vida y por eso mismo cómo evitar la desarticulación por la técnica. Se trata también de procurar los medio para integrar al hombre a los avances de la tecnología y evitar un retraso que pueda ser irrecuperable.

Si el análisis descompone el todo en sus partes para mejor conocer, la síntesis reunifica esas partes al todo para recobrar su razón y sentido que es su pertenencia a la unidad.

El análisis debería sólo separar para mejor unir después en un concepto y en una realidad cualitativamente más tranparente y precisa. La alienación se produce cuando se toman las partes por el todo, cuando el hombre instalado en uno de los fragmentos que componen el microcosmos en que se ha subdividido la totalidad, toma aquél como la realidad plena, pierde el sentido de unidad y crea la ilusión que aliena y deshumaniza.

El pensamiento contemporáneo debe concentrar una parte privilegiada de su labor en el esfuerzo de síntesis para recuperar el concepto de totalidad, para reunificar lo disperso.

Esa es también una forma de restaurar la conciencia desgarrada de nuestro tiempo, y de hacer ver que la causa de la anulación del individuo no es la técnica en si –que es sólo instrumento– sino la estructura socioeconómica ligada a la estructura del poder político, de la cual el aparato tecnológico forma parte. Una estructura de poder represivo que se sustenta sobre la destrucción del individuo en aras del sistema y del poder, aumenta cualitativamente sus posibilidades de aniquilación cuando dispone a su servicio de medios altamente tecnificados. Pero el mal no es sólo el medio sino el poder que los usa y la intención con que se usan.

Nuestras sociedades del Tercer Mundo y en todo caso las sociedades latinoamericanas padecen doblemente los efectos de este problema: por una parte, lo que podríamos llamar la deshumanización ontológica a consecuencias del desgarramiento y de la alienación producidas por las tendencias fragmentarias del capitalismo tecnológico; por la otra, las consecuencias socioeconómicas, políticas y culturales que se derivan de la utilización de la tecnología avanzada por los países desarrollados en beneficio de la mayor explotación, la acumulación y la acentuación de la dependencia en un proceso en donde la técnica puesta al servicio de los poderes hegemónicos deviene los brazos y los puños del imperialismo para actuar y para golpear las posibilidades de reafirmación de nuestros pueblos. ¿Qué hacer ante este caso? La técnica es una maravillosa realidad, sólo que en manos de las fuerzas represivas y al servicio de los valores de la dominación deviene un instrumento mortal para nuestros pueblos y su historia. ¿De qué manera los pueblos que no han participado como protagonistas sino como sujetos dominados en el proceso histórico de la Revolución Tecnológica pueden asumirla críticamente? ¿No habrá que hacer una nueva "Meditación de la Técnica" pero a partir de la realidad y la perspectiva de los pueblos dominados y explotados? ¿Y qué juicios y actitudes hay que asumir a partir de los pueblos en donde la liberación es ya una realidad en virtud del triunfo revolucionario? ¿No es éste un sujeto para la reflexión filosófica latinoamericana que engloba la filosofía de la historia, la filosofía política, la teoría de los valores y la ontología misma? ¿No es éste acaso un tema que nos toca y nos golpea directamente y al mismo tiempo se abre sobre un horizonte universal?

Pienso que si y pienso que eso exige con urgencia lograr la reafirmación cultural y la recuperación de la identidad para poder hacer frente, desde esa base sólida, a los problemas que la tecnología presenta a nuestros pueblos.

La recuperación nacional y la identidad cultural son la plataforma necesario para poder situarnos ante la Revolución Tecnológica.

De los contrario, cualquier actitud que asumamos frente a ella será suicida. Por una parte, si tratamos de ignorarla, la fractura científico-tecnológica que ya es caso irreversible en cuanto a las posibilidades de alcanzar el grado de creación y producción para la ciencia y la técnica, lo será también para las posibilidades de su utilización y aplicación. Por la otra, si tratamos de transferirla sin que exista una cultura consolidada, nuestras raíces históricas serán arrancadas del todo y el torrente de la revolución tecnológica y cibernética arrastrará y ahogará los elementos de una cultura que aunque genial en muchas de sus expresiones y creaciones, es fragmentaria, dispersa y superpuesta.

La lucha por la identidad no es sólo un problema de identificar las raíces del pasado, es sobre todo un problema del futuro, el desafío a la supervivencia como pueblos y como culturas. Por eso la consolidación de la cultura, de la nación y de la identidad nos permitirá, frente a los aceleradores de la historia, particularmente frente a la cibernética, la microeléctrica, la aplicación nuclear y la tecnología avanzada, poder asimilarla mediante una aceptación tecnológica, racional y además compatible con una cultura ya establecida.

El problema político y el problema económico

Desde el punto de vista político y económico, el futuro de América Latina resulta incierto. Varios elementos habría que tener en consideración para hacer un análisis adecuado.

Factores económico y políticos internos y externos a los países y a la región tienen una incidencia variable sobre el problema.

Aun cuando hay factores específicos, propios de la región latinoamericana, existen también elementos que se dan en el plano mundial que afectan positiva o negativamente la situación latinoamericana.

El Nuevo Orden Económico Internacional, la Deuda Externa, el respeto al Derecho Internacional, la observancia de las decisiones de los Organos de Naciones Unidas encargados de la solución jurídica de los conflictos, el Desarme, las alternativa de solución de algunos conflictos regionales en diferentes partes del mundo y el diálogo entre las superpotencias, son factores que deben ser tenidos en consideración a la hora de tratar de visualizar tendencias y comportamientos generales para la región. Es obvio que sobre todo habrá que considerar la situación específica de países y sectores de la región.

En el momento presente encontramos una recomposición de la situación política mundial. A nuestro juicio esto obedece principalmente a una cierta distensión entre las Grandes Potencias a causa del diálogo más o menos regular sostenido entre Ronald Reagan y Mijail Gorvachev y a una acción importante de las Naciones Unidas en los diferentes focos de conflicto, favorecida, precisamente por la actitud asumida por la Unión Soviética y los Estados Unidos.

Tanto los Estados Unidos como la Unión Soviética necesitan crear un nuevo clima en sus relaciones internacionales y favorecer la posibilidad de arreglo en los diferentes centros de tensión en el mundo.

Los Estados Unidos necesitan reordenar su economía y recuperar sus habituales ventajas en las relaciones económicas y en el mercado internacional, ante el surgimiento, desarrollo y consolidación de nuevas potencias económicas como Japón, la Comunidad Económica Europea y China.

La Unión Soviética, por su parte, sabe muy bien que la Perestroika y Glasnot exigen un clima diferente en las relaciones de la política mundial que permita concentrar tiempo, atención y recursos a su reordenamiento interno de carácter económico y social.

Todo esto que ha favorecido a la distensión y a la búsqueda de un espíritu de consenso entre los grandes, ha repercutido también favorablemente en el fortalecimiento del multilateralismo.

Las Naciones Unidas con un mayor respaldo de los grandes y lo que pareciera ser un cambio de actitud del Gobierno de los Estados Unidos, si debemos suponerlo así a partir del discurso del Presidente Reagan en el 43 Periodo de Sesiones de la Asamblea General de esta Organización, y a partir también de los pagos hechos por los Estados Unidos a la ONU de parte de su deuda de más de 400 millones de dólares, pareciera también colocada en mejor posición frente al complejo tejido de conflictos del mundo contemporáneo.

Al interior de la ONU esta situación se ha visto también favorecida, particularmente por las relaciones cada vez más estrechas entre el Consejo de Seguridad y el Secretario General.

Es así como, y partiendo de la Memoria del Secretario General con la Labor de la Organización, rendido en el Cuadragésimo Tercer Periodo de Sesiones de la Asamblea General, podemos observar con sumo interés y moderado optimismo, de que manera pareciera que comienza a encontrarse alternativas con relativo grado de viabilidad y en las que el Secretario General y la Organización han tenido a no dudarlo una participación más que importante.

Estos pasos fundamentales en la búsqueda de una solución pacífica a los conflictos son:

En Afganistán, los acuerdos de Ginebra en abril, bajo los auspicios del Secretario General y con el aval de la Unión Soviética y los Estados Unidos.

En la guerra del Golfo, el acuerdo de cese el fuego del 20 de agosto de este año y la aplicación de la Resolución 598 de 1987 del Consejo de Seguridad.

En Namibia, el acuerdo del 1º de noviembre próximo para iniciar la ejecución de la Resolución 435 de 1987 del Consejo de Seguridad.

En Chipre, el acuerdo entre las partes en conflicto, grecochipriotas y turco-chipriotas de llegar a una solución antes del 1º de junio de 1989. Para ello se iniciaron conversariones el 15 de septiembre pasado.

En Asia Sudoriental, el inicio del diálogo entre las partes Kampucheanas.

En el Sahara Occidental, el plan de paz aceptado el 30 de agosto entre Marruecos y Argelia, aún y cuando queda todavía pendiente el diálogo directo con el Frente Polisario sin cuyo reconocimiento y participación sería muy difícil resolver el conflicto.

Quedan, por supuesto, otros problemas en los que no se avizora una pronta solución. En el oriente medio: la situación de los territorios palestinos, incluyendo Jerusalem, ocupados por Israel desde 1967.

Sobre ésto se ha reafirmado, y así lo expresa el Secretario General en su Memoria, que un arreglo justo y duradero sólo es posible basado en las Resoluciones del Consejo de Seguridad, 242 de 1967 y 338 de 1973, en las que se reconoce entre otras cosas, el derecho del pueblo Palestino a la libre determinación.

Continúan los problemas entre las dos Coreas, en Africa Meridional sigue pendiente el problema de Namibia el que sólo puede resolverse con su independencia total, el problema de la desestabilización de los Estados vecinos a Sudáfrica y el Apartheid en la propia Sudáfrica.

En cuanto a Centroamérica, la situación que parecería encaminada hacia la posibilidad de una solución en el conflicto de Nicaragua mediante la suscripción de un acuerdo de cese al fuego entre el Gobierno y los representantes de la contrarrevolución, han sufrido un estancamiento a consecuencia de las interferencias y obstáculos del Gobierno de los Estados Unidos a los acuerdos de Sapoá, ejercido a través de los negociadores de la Contra, y cuando se había obtenido acuerdo sobre 20 de los 32 puntos objeto de negociaciones.

Si el panorama general de los conflictos en distintos puntos del orbe pareciera aliviado y en vías de un posible mejoramiento próximo, quedan sin embargo focos críticos de carácter político-militar, como Centroamérica, por ejemplo. Allí, la actitud intransigente e injustificada de los Estados Unidos quien ha financiado y dirigido una guerra de agresión durante 7 años contra el pueblo de Nicaragua, no sólo ha obstaculizado sistemáticamente las posibilidades de paz, sino que también ha demostrado el error fundamental de su opción militar para tratar de obtener los objetivos que se habían propuesto.

Por otra parte, dentro de esto que pareciera perfilarse como un estado de gracia y de beatitud política, a consecuencia del acercamiento de los dos grandes, no puede ocultarse, no debe tratarse de hacerlo, el estado de las relaciones económicas internacionales.

El diálogo de las superpotencias ha tenido una influencia positiva sobre las posibilidades de solución de los conflictos, sin embargo, no debe asumirse que los acuerdos de la Cumbre resolverán todos los problemas mundiales. Se hacen imprescindibles acciones concertadas y sistemáticas con participación regional; del Movimiento de los no-alineados, cuando corresponda, y de las Naciones Unidas, para tratar de articular alternativas de solución a los conflictos específicos y aprovechando la apertura y el nuevo clima creado por el diálogo de las superpotencias.

En caso de no actuar con esa diligencia, se corre el riesgo de que algunos problemas regionales queden postergados ante la importancia que cobran los acuerdos de las superpotencias con respecto a sus prioridades.

Para la América Latina sigue siendo esencial el establecimiento del Nuevo Orden Económico Internacional que elimine la explotación de nuestros pueblos, cambie los términos de relación de nuestra deuda externa, particularmente, en los mecanismos generadores de interes. De los contrario, el eventual alivio a la situación actual de la deuda externa, sea a través de negociaciones bilaterales, o concertaciones globales de la región, resultaría inócuo, pues se estaría actuando sobre los efectos, dejando incólumes las causas reproductoras de la crisis.

Es imperativo, además, reconocer la relación indisoluble que en la realidad existe entre los problemas económicos y los políticos.

Las soluciones políticas que no tomen en cuenta el factor económico, serán parciales y temporales. Las alternativas económicas que no sean valoradas políticamente, serán a su vez insuficientes e ilusorias.

No se debe ocultar que en el origen de los más agudos conflictos políticos y militares en la región, han estado siempre subyacentes causas de carácter económico y social.

La miseria, la injusticia, el analfabetismo, la desnutrición, la marginalidad brutal de grandes sectores de nuestra población, son el origen verdadero de nuestros conflictos políticos y militares.

Por ello la cooperación económica de los países desarrollados a nuestros pueblos, no debe esperar a que se alcancen niveles de concertación política satisfactorios para los cooperantes.

Hay que tener en cuenta que toda ayuda económica (pienso en la eventual ayuda de la CEE a Centroamérica, por ejemplo) es siempre un paso de aproximación política.

Es menester que los países industrializados comprendan que la estabilidad regional y mundial depende en buena parte de la justicia económica internacional y, por supuesto, interna.

El problema político y el económico deben considerarse conjuntamente y en una relación dialéctica.

Es imprescindible avanzar en el camino del desarme, tanto de armas nucleares como convencionales, y reinvertir en programas de desarrollo, los miles de millones de dólares que se destinan actualmente al armamento.

Esto incide necesariamente en los mecanismos llamados a mantener el equilibrio mundial y regional. Es necesario dar un salto cualitativo y pasar del equilibrio del terror que nace del armamento (símiles y misiles) en el equilibrio que garantiza el Derecho Internacional.

Este está llamado a ser en el futuro inmediato el punto de apoyo de la comunidad mundial como alternativa única ante el horror de la posibilidad de la hecatombe nuclear, o de la hecatombe cotidiana de la guerra, la muerte y la miseria.

Los elementos del futuro de América Latina y del mundo están ahí, frente a nuestros ojos. De nosotros depende que el mundo sea una hoguera o un lugar dignamente habitable.

Para que esto último sea posible, es absolutamente necesario un cambio cualitativo de los valores y de las conductas.

El imperialismo norteamericano, en su fase más elevada de explotación, las sociedades transnacionales, encuentran a estas alturas bien claramente definidos los elementos de su contradicción y posible crisis: la recomposición de la economía mundial con nacientes nuevos polos de hegemonía.

La crisis económica agudizada en el Tercer Mundo rompe dramáticamente el equilibrio mundial y exige hoy más que nunca el "codesarrollo planetario".

– La necesidad del derecho internacional como base real sobre la cual fundar la Comunidad Mundial se vuelve hoy imperativa. Es imprescindible retomar la idea del Pacto Social de Rousseau, esta vez a nivel planetario y para la convivencia de los pueblos del mundo.
– La Deuda Externa debe tratarse concertadamente por la Comunidad de Deudores Latinoamericanos y pensar, a partir del

Nuevo Orden Económico Internacional, en la neutralización de los mecanismos reproductores de la crisis por la deuda.
- Debe elaborarse, junto a las consideraciones económicas, políticas, militares y jurídicas, políticas nacionales y regionales sobre recepción de tecnología que posibilite evitar el deterioro de la brecha tecnológica sin acentuar la alineación y la dependencia.
- Debe modernizarse el Estado, el aparato administrativo y el derecho interno, en forma tal que dejen de ser reproductores de la injusticia y la explotación y devengan factores de equilibrio, de convivencia y de justicia social.
- Nuestras políticas culturales deben apuntar a la realidad interna de nuestros pueblos, sobre la base de la adecuada compatibilización de las realidades y espectativas y de los valores múltiples que integran nuestras sociedades. Pienso particularmente en la relación del Estado-Nación, tal como lo tenemos concebido y actuante con los pueblos indígenas, cuyas necesidades responden a categorías y valores diferentes de los dominantes.

Creo que estos son algunos elementos que deben estar presentes en toda reflexión sobre el futuro de América Latina. Los 500 años transcurridos son los del desgarramiento por la pérdida de la unidad originaria.

El presente y los umbrales del futuro en que estamos colocados nos presentan un mundo mucho más complejo y con mecanismos de dominación y destrucción mucho más temibles y sutiles.

El riesgo para nosotros es mucho más grave. Hasta hoy hemos tenidos la conciencia dolorosa de lo que no hemos podido ser. Pero esta conciencia negativa, es siempre un primer paso en nuestra afirmación histórica y ontológica.

El peligro que ahora corremos si no pensamos y actuamos conjuntamente y con claridad es el de la desnaturalización del ser, la disolución de la conciencia de identidad. Podemos ser asimilados sin conciencia de serlo y siempre como furgón de cola en un mundo transnacional, impersonal y deshumanizado. Tenemos que luchar contra esas tendencias y sacar adelante nuestros valores, nuestros ideales y nuestra visión del futuro.

Conclusión

Hoy España es otra y los tiempos también. La lengua que se impuso al indio de estas tierras es hoy nuestra. El idioma que heredamos es el mismo y es otro. Lo hemos recreado y continuamos recreándolo en el habla cotidiana y en las grandes obras de nuestra literatura que es hoy universal. Desde Rubén Darío que abre el castellano al Modernismo y hacia un horizonte de nuevas posibilidades, hasta Cortázar y Paz, Fuentes y Borges, García Márquez y Carpentier y tantos otros que han creado un nuevo mundo de imágenes que pueblan nuestra realidad y nuestra fantasía, creando una unidad nueva y universal entre lo real y lo mágico, el pasado y el futuro, el mito y la historia, el ser y la imagen. Síntesis de razón y pasión, de exhuberancia y desgarramiento, navega de regreso en las carabelas de la literatura hacia las costas de España.

CINCO SIGLOS DE AMÉRICA

Germán Arciniegas
Colombia

El 12 de octubre, en una pequeña isla del Caribe, ocurre el hecho más extraño que nadie imaginaba. Unos europeos peludos y vestidos se encuentran con unos indios y unas indias que sólo dejaban por descubrir lo que ocultaban los taparrabos. De este primer acercamiento fueron testigos unos doscientos analfabetas y la noticia tardaría meses para llegar a conocerse en Portugal o en España. Curiosamente esa misma noche Colón, genovés, cuyo conocimiento (tal vez de la lengua castellana, habría que explorar alguna vez fue la de sus abuelos) escribió la primera página de la literatura hispanoamericana, caso único en el mundo de las letras, que nos permite iniciar el almanaque con una precisión que envidiarán franceses, italianos o alemanes, si no los mismos españoles.

Lo que estaba ocurriendo en Guanahaní nadie pudo imaginar a donde llevaría. Para Castilla era el primer paso al increíble atrevimiento de crear un imperio del tal ambición que el rey don Felipe llegó a decir muy pronto: En mis dominios no se pone el sol. Y en efecto este engrandecimiento de Castilla primer producto de América, dio para tres siglos de historia. Tuvo su cuna en Guanahaní en 1492 y terminó en un Rincón de los Muertos –es decir: en Ayacucho– en 1824. Más notable fue lo americano, más duradero, más inesperado y fuera de toda tradición. A los diez años de clavada una bandera castellana en el Caribe, se descubre en un barco del rey de Portugal recorre la costa que va del estuario del Amazonas al del Plata, y hace el anuncio que rompe los fundamentos de la geografía reconocida lo mismo Ptolomeo en San Agustín. Esto no es en Asia, ni Africa ni Europa, es otro continente. Maravillado él mismo pide que se llame Nuevo Mundo. Unos monjes delirantes respondieron inventando la palabra mágica que introduce el personaje destinado a cambiarlo todo: América. Y así lo del 12 de octubre se convierte en el acontecimiento universal del surgimiento de América.

No era fácil admitir a un sujeto tan extraño a la tradición universal. Un genio de la filosofía política tan bien observado y tan sagaz como Maquiavelo alcanza la plenitud de su lucidez cuando está difundiéndose por el mundo la noticia del Nuevo Continente. Dos de los tres personajes en quienes descubre las condiciones del Príncipe que puede dominar a las naciones tienen que ver con Colón y con Vespucci, el Papa Alejandro VI y el rey don Fernando el Católico. Nosotros conocemos al uno y al otro por hechos que tienen relación directa con el nacimiento de América y cualquiera que sea la opinión que se tenga sobre el Papa Borgia, su salomónica decisión del meridiano para repartir las conquistas entre Castilla y Portugal, de donde nace en Suramérica, Brasil, deja una impresión de gran español estadista. Como sería muy inconcebible una biografía de Fernando el Católico sin mencionar la parte que tuvo en el viaje de Colón, el nombramiento de Vespucci Piloto Mayor a Castilla. Pues bien, nada de esto aparece en los retratos del autor de *El Príncipe* que jamás menciona el Nuevo Mundo en sus historias, ni forma parte de sus cálculos.

Esta ignorancia que indica una falla de percepción de la nueva realidad en el que se supone el más alerta de los filósofos políticos, no sorprende cuando hoy mismo la existencia de América o su independencia quedan fuera de los programas internacionales. Lo de Maquiavelo en el *XVI* se reproduce en el *XIX* en Hegel. Este genio del pensamiento occidental dictaba en 1830 sus lecciones sobre filosofía de la historia. La fecha es pertinente, y entonces lo había producido en América la ruina de los imperios inglés, francés, español y portugués, causando en Europa el vacío natural que tiene que producirse cuando un continente se les va de entre las manos a unas monarquías que fundaron su grandeza sobre el aprovechamiento de estas posesiones ultramarinas. Y se repite en Hegel la ceguedad del florentino. Para el prusiano, historia no es sino la de Europa, y el fastidio que le produce el nombre de un continente cuya vida de tres o cuatro siglos le desagrada, se traduce en esas páginas tan fuera de su inteligencia en que declara que sólo tendrá América entrada a la historia, que él administra como un club, el día que esté poseída por el espíritu alemán.

Estos juicios negativos tendrían que someterse a un examen riguroso al hacer balance de los quinientos años que comienzan a contarse el 12 de octubre de Colón. Ha llegado el momento de pesar en una balanza inexorable la obra comparada de las dos ramas de la familia europea que se rompe a partir del día en que el Atlántico deja de ser el mar que separa a los dos hemisferios, se convierte en el camino ancho y libre de los emigrantes. No se ha precisado este acontecimiento que yo no vacilo en calificar como la mayor de las revoluciones ocurridas en occidente, más radical, profunda y operante que la francesa de 1789 cuyo segundo centenario es el programa festivo de 1989.

¿Cómo se presenta la revolución americana? ¿Cómo ocurrió? ¿En qué consistió? He aquí un tema que debería ser de estudio y reflexión en las escuelas y que nosotros no hemos profundizado. A partir de 1493 el era don nadie en Europa, el infeliz, tuvo la alternativa, nunca antes soñada, de emigrar. A lo largo de 500 años los europeos, y en menor grado los africanos y los asiáticos, han visto en América una posibilidad de liberación. En Europa, los de abajo, los que no tenían ni la herencia, ni el blasón, ni el privilegio, los segundos vieron en América increíbles posibilidades que no tenían en su tierra. Se embarcaron arriesgando, a la ventura y a la aventura. Les nació una audacia que les independizó. El comienzo de la emancipación hay que buscarlo en esos infelices de nuestros tatarabuelos que emigraron, y la gran revolución es la que divide la familia entre unos que se vienen y otros que se quedan. Teniendo, como hermanos, el mismo padre y la misma madre, unos emigran y otros se quedan. Ahí está toda la diferencia. Creo que llegan a doscientos millones los que en quinientos años han salido para establecerse en un Nuevo Mundo que será por su obra. En todo caso, si hoy hay más descendientes de españoles en América que en Europa ésta es la protesta más grande que registran todos los tiempos, y lo que hay que celebrar ahora es esta denuncia bautizada en su tiempo por Tomás Moro con un nombre que desde entonces tiene relación con nuestra vida: Utopía.

Se ha presentado como alternativa a esta celebración americana, la glorificación del imperio español en su expresión colonial. Reconozcamos que los grandes monumentos dejados por los emigrantes de los primeros siglos, los que levantaron la catedral de México, los que estudiaron las plantas de nuestro fabuloso reino vegetal, son de maravilla, pero todo eso es poco ante lo que vino luego. Un indio como Juárez que acuña una nueva filosofía en estas pocas palabras: El respeto al derecho ajeno es la paz. O una espada como la de Bolívar que habla en la proclama y dice: La libertad en América es la esperanza del Universo. Estas cosas sólo han ocurrido en el Nuevo Mundo que es obra de cuantos han buscado aquí su liberación. ¿Por qué, siguiendo los pasos de Cortés o Balboa o Quesada, han venido los ingleses? ¿Por qué los polacos, los húngaros, los italianos, los rusos? ¿Por qué los indios y los árabes? ¿Por qué los fugitivos al poder de Hitler, Musolinni, Franco, Stalin? Todas las Américas nacen a la vida contemporánea en busca de la emancipación, que toma sus dimensiones definitivas con las repúblicas. A su modo cada América es una casa para los hombres libres del mundo y para hacerla grande han puesto su genio y su voluntad italianos y judíos, escandinavos y árabes, cristianos y japoneses. Entre los trabajos que nos esperan para hacer el balance de esta historia que es única nos toca abrir el gran juicio a los cuatro imperios de Europa que se tomaron para aprovechar al hombre y a la naturaleza americanos, y encontraron su tumba en nuestro continente. No vamos, amigos, ahora a darle vida a los imperios con que nos libertaron Bolívar, Washington, Toussaint L'Ouverture, Hidalgo y Morelos, O'Higgins o José Martí, y miremos en los 500 años de existencia de América la pauta de la emancipación de los hombres que acabaron con las monarquías para instalar la democracia de la república. La llegada de Colón, lo que tiene de simbólico es el abrir un camino para que los blancos aprendan a ser libres, los africanos sepan que ya no serán esclavos ni de los mismos negros que los cazaban y vendían, ni de los blancos que los compraban, los revendían y los marcaban. Nuestros mismos aborígenes vieron ciertamente derrumbarse unas monarquías tan brillantes y arbitrarias como las de los blancos, para formar el pueblo que cantaba en los himnos de Netzahualcóyotl, o el guaraní que cuando lo conoció Montaigue le movió a decir que tenía tanta poesía como la griega de anacreonte.

Es posible que en menos de doscientos años no haya podido hacerse de perfecta república. ¿No necesita de más siglos la monarquía para culminar en lo que fueron los Borbones, Hapsburgos o Bragourzas? Pero ya se ve que América ha sido otra cosa, que será otra cosa, y que como otra cosa bien merece llamarse Nuevo Mundo. El mundo libre que va a celebrar con sus quinientos años los caminos de la emancipación. A lo mejor en 1992 va a descubrirse América como lo que es, la esperanza del Universo liberado.

MUNDO NUEVO

Guillermo Castro Herrera
Panamá

A medida que se aproxima el Quinto Centenario de la llegada de Cristóbal Colón a tierras americanas, recrudecen las discusiones sobre el significado histórico del hecho, que oponen en lo más visible a "hispanistas" e "indigenistas". Los primeros, defendiendo el aporte de España a la incorporación de América a la llamada civilización "Occidental". Los segundos, denunciando la destrucción por España de las civilizaciones aborígenes del continente, y la explotación y exterminio inmisericorde de enormes masas indígenas. De algún modo, se trata de una continuación del mismo debate que, ya en el siglo XVI, iniciaron Bartolomé de Las Casas y Ginés de Sepúlveda, defensor de los indios en tanto siervos de la Corona el primero, y del derecho de los conquistadores a explotarlos a su antojo, el segundo.

No es en esos términos, sin embargo, como podrá progresar y llegar a conclusiones útiles para los conflictos de nuestro tiempo la discusión en curso. El verdadero problema es otro, mucho más actual y urgente por cierto. Se trata del proceso de incorporación de nuestras tierras y nuestras gentes al desarrollo del capitalismo a escala mundial y del surgimiento aquí, en virtud de ese hecho, de un auténtico mundo nuevo. En ese proceso, la explotación del hombre por el hombre –que ya constituía la base socioeconómica de lo más civilizado de América y Europa en el siglo XV, adquiriría formas de existencia y desarrollo cuya originalidad y consecuencias aún están por desentrañar en términos que realmente faciliten crear, en el mundo nuevo, una nueva sociedad.

El proceso de que se trata constituyó, en efecto, el primer acto en la obra de creación del sistema colonial que sustentó el desarrollo del capitalismo europeo. Ese desarrollo abrió camino al surgimiento del imperialismo a fines del siglo XIX y al establecimiento del sistema de Estados que hoy, a fines del siglo XX, conforman el Tercer Mundo, poblado por la inmensa mayor parte de la humanidad. Esa es la escala del verdadero problema a debatir. El centro de ese debate, por otra parte, no puede ser un mero conflicto entre nacionalidades y culturas en busca de veredictos de absolución o condena a cinco siglos de distancia. El tema verdadero ha de ser el del futuro de Nuestra América, que pasa y se decide por la situación de crisis a que ha llegado en el presente el sistema de dominación y explotación que, nacido en nuestras tierras, se expandió desde allí hacia Africa y Asia, adaptándose a las condiciones y características de cada uno de los pueblos que terminaron así sometidos a ese fenómeno de infinitas formas que hoy se designa con el elegante término de "dependencia".

Vale la pena recordar, en este sentido, que la conquista y la colonia fueron hechos alienantes para todas las partes que concurrieron a ellos. El camino que llevó a la constitución del "pequeño género humano" de que hablaba Bolívar y, sobre todo, a la mudanza "de hatos en naciones" de nuestros pueblos, como dijera José Martí, estuvo plagado de desgarramientos y búsquedas que afectaron a todos sus participantes y que, de algún modo, fueron también la continuación de los problemas de identidad y destino que cada uno afrontaba previamente por separado. España distaba mucho de ser una nación cuando emprendió la aventura de la conquista, y aún no había llegado a serlo cuando se vio privada de sus frutos por los americanos que hicieron la Independencia. La América indígena, igualmente, conformaba un espacio histórico y cultural por demás heterogéneo y conflictivo, al punto de que en múltiples ocasiones llegara a ser decisiva la colaboración de pueblos indígenas completos en la obra de conquista de los españoles. La misma Africa, que nutrió el desarrollo del esclavismo y contribuyó de manera tan decisiva a conformar bases nuevas de identidad cultural en regiones enteras de nuestro continente, colaboró con la colonización a través de las cacerías de esclavos que realizaban en el interior del Continente los reyezuelos negros de las regiones costeras, que proporcionaban a los europeos la mercadería humana con que traficaban.

El hecho colonial, por otra parte, no puede ser considerado como mera extensión e imposición a los habitantes del Nuevo Mundo de la cultura y hábitos de explotación y dominio del Viejo. Basto con recordar que no se aplicaron en América las leyes de España, sino que aquélla creó para los americanos Leyes de Indias y dio, en todos los terrenos, un trato diferenciado y discriminador a los habitantes de sus dominios. De ese trato, y en contradicción con los propósitos de dominio y explotación que lo animaba, surgió precisamente ese conjunto de seres sociales nuevos que se llamaron, unos, criollos; otros, ladinos, unos más, negros y otros, finalmente, indios. Poco quedó, en poco tiempo, de lo que hubiera podido haber de conocido en 1492, bajo el influjo de este poderoso influjo transformador: mucho, en cambio, fue y sigue siendo lo nuevo, aún en busca de nombre y explicación adecuados en tantos y tantos casos.

El sentido verdadero del problema que nos plantea el Quinto Centenario fue abordado ya por José Martí en aquel texto suyo que merecería hacer parte central de todos los debates de hoy, y que publicara en México y Estados Unidos en enero de 1891 con el título de *Nuestra América*. De los resultados acumulados hasta entonces por el proceso de desarrollo histórico que se inauguró con el hecho de la Conquista dice en ese texto Martí:

"Eramos una visión, con el pecho de atleta, las manos de petimetre y la frente de niño. Eramos una máscara, con los calzones de Inglaterra, el chaleco parisiense, el chaquetón de Norteamérica y la montera de España. El indio, mudo, nos daba vueltas alrededor, y se iba al monte, a la cumbre del monte, a bautizar sus hijos. El negro, oteado, cantaba en la noche la música de su corazón, sólo y desconocido, entre las olas y las fieras. El campesino, el creador, se revolvía, ciego de indignación, contra la ciudad desdeñosa, contra su criatura. Eramos charreteras y togas, en países que venían al mundo con la alpargata en los pies y la vincha en la cabeza. El genio hubiera estado en hermanar, con la caridad del corazón y con el atrevimiento de los fundadores, la vincha y la toga; en desestancar al indio; en ir haciendo lado al negro suficiente; en ajustar la libertad al cuerpo de los que se alzaron y vencieron por ella. Nos quedó el oidor, y el general, y el letrado, y el prebendado. La juventud angélica, como de los brazos de un pulpo, echaba al Cielo, para caer con gloria estéril, la cabeza coronada de nubes. El pueblo natural, con el empuje del instinto, arrollaba, ciego del triunfo, los bastones de oro. Ni el libro europeo, ni el libro yanqui, daban la clave del enigma hispanoamericano. Se probó el odio, y los países venían cada año a menos. Cansados del odio inútil, de la resistencia del libro contra la lanza, de la razón contra el cirial, de la ciudad contra el campo, del imperio imposible de las castas urbanas divididas sobre la nación natural, tempestuosa o inerte, se empieza, como sin saberlo, a probar el amor. Se ponen de pie los pueblos, y se saludan. '¿Cómo somos?'" se preguntan; y unos a otros se van diciendo cómo son.[1]

Se dirá que el texto citado no corresponde al hecho histórico que se discute, sino a sus consecuencias. Pero, ¿no son precisamente esas consecuencias las llamadas a arrojar la luz realmente útil al

---

[1] Martí, José, *op. cit.*, en: *Obras Escogidas*, 3 tomos, Centro de Estudios Martianos, tomo II, La Habana, 1979, p. 254.

análisis de las causas? Nada queda, en sentido estricto, de la España, la América y el Africa que concurrieron a la creación del Nuevo Mundo, que no sea el producto de ese acto de creación. Unicamente la anatomía del presente –en lo que es, y en lo que de promesa alberga– puede dar una clave adecuada para enjuiciar la anatomía del pasado. El "hispanismo", en este sentido, comparte con el "indigenismo" la característica de ser el extremo de una nada, que no tiene hoy ni siquiera la virtualidad de ser la expresión encubierta de otro debate en curso como, quizás, hubiera podido ser el caso antes de que José Carlos Mariátegui publicara sus *Siete Ensayos de Interpretación de la Realidad Peruana* hace ya más de 60 años, dejando en claro que el hecho de la dependencia sobredeterminada al carácter étnico de quien ejerciera el poder en el Estado. Así lo comprueban tanto la "africanidad" que ha servido de enmascaramiento ideológico a dictaduras como la de Mobutu Sese Seko, como el repentino entusiasmo de la CIA y el somocismo con el derecho de las minorías étnicas de Nicaragua a conformar su "Cuarto Mundo" en contra de la revolución sandinista, antes que a participar dentro de ella en la búsqueda de lugar y aporte en la construcción de una Patria nueva "con todo y para el bien de todos", como la quería Martí para los cubanos.

Nada de lo dicho, por supuesto, excluye la necesidad de establecer juicios de valor sobre lo pasado. La Conquista fue un hecho brutal; la colonia, un proceso de expoliación sistemática sin precedentes por su escala, su duración y el alcance de sus consecuencias hasta el presente. Ambas, sin embargo, poseen también esa peculiar e inquietante ambigüedad de todo hecho histórico realmente fecundo, que constituye la verdadera sustancia del debate en curso. El hecho de una explotación masiva, agregado al de una transculturación preñada de valores étnicos que en Europa estaban en curso de sucumbir frente al pragmatismo del capitalismo juvenil, generó entre nosotros el fermento que ha llevado hoy a la América Latina a convertirse en uno de los focos más importantes de renovación de la cultura contemporánea.

Con todo lo que se pueda culpar a la Iglesia por su contribución al surgimiento y la eficacia del orden colonial y de los Estados neocoloniales que lo sucedieron, por ejemplo, no deja de ser una ironía que haya sido desde la América víctima de esa contribución que ha surgido y se desarrolla, con la Teología de la Liberación, el movimiento renovador y crítico más profundo y complejo que ha conocido el catolicismo en su seno desde por lo menos el siglo XII. Ni puede caber duda, tampoco, que ha sido la peculiar combinación de circunstancias de origen y desarrollo lo que ha permitido el aporte latinoamericano de una antropología humanista, que contrasta tan agudamente con la elaborada por hombres como

Malinowsky para el servicio del colonialismo inglés y que desde ella, en lo que tiene de más profundo e incluso de precientífico, se explique buena parte de la originalidad del pensamiento político, social y económico más avanzado de Nuestra América, entre cuyos aportes se cuenta hoy –para mencionar un sólo ejemplo– el del planteamiento del problema de la deuda externa y su incidencia en el despliegue de la crisis que todos compartimos.

Podría decirse, incluso, que es desde esa crisis que cabe plantear el problema del significado histórico profundo del Quinto Centenario. No para recurrir al cómodo recurso de afirmar que desde entonces ha sido la crisis el rasgo característico del desarrollo histórico del Nuevo Mundo –con lo que simplemente se busca evadir el juicio que ella exige, a través de la valoración de sus consecuencias–, sino porque *esta* crisis señala la llegada de ese desarrollo al punto en que se hace evidente ya el agotamiento de los marcos en que hasta ahora ha tenido lugar. Desde esta crisis, en efecto, el debate sobre el significado histórico del surgimiento del Nuevo Mundo termina necesariamente por apuntar hacia el problema más verdadero y urgente de nuestro tiempo que, como se ha dicho, es el de las vías para hacer posible que se desplieguen, finalmente, las formas sociales nuevas que ya entreveía Martí y a cuya pugna por conformarse atribuía Mariátegui la razón de ser de las dificultades que enfrentaban nuestros pueblos en la tarea de constituirse en plenitud como naciones. No a lo que fuimos, sino a lo que somos como resultado de ello es que cabe dirigirse, atendiendo a Martí en su advertencia de que:

> "A lo que es, allí donde se gobierna, hay que atender para gobernar bien; y el buen gobernante en América... es el que sabe con qué elementos está hecho su país, y cómo puede ir guiándolos en junto, para llegar, por métodos e instituciones nacidos del país mismo, a aquel estado apetecible donde cada hombre se conoce y se ejerce, y disfrutan todos de la abundancia que la naturaleza puso para todos en el pueblo que fecundan con su trabajo y defienden con sus vidas. El gobierno ha de nacer del país. La forma de gobierno ha de avenirse a la constitución propia del país. El gobierno no es más que el equilibrio de los elementos naturales del país".[2]

Contra ese equilibrio "de los elementos naturales del país" conspira, precisamente, un enfoque del debate sobre el Quinto Centenario que apunte a resucitar una y otra vez lo que enfrentó a mundos ya idos, antes que a estimular la búsqueda de los caminos

---

[2] *Ibid.*, p. 521.

hacia mundos nuevos. A fin de cuentas, el sentido del debate, si de auténtico empeño de conocimiento se trata, ha de ser, esencialmente, político, pues de lo que realmente se discute es del papel que ha de corresponder a nuestros pueblos en la solución de la crisis a que ha llegado el sistema de dependencia al que estamos sometidos.

En esa perspectiva, el conflicto entre "hispanistas" e "indigenistas" no sólo es engañoso sino, y sobre todo, dañino para pueblos que tienen ante sí el reto fundamental de construir su propia unidad, encontrando en su historia lo que tienen de común y los modos adecuados de fortalecerlo de manera útil. De indígenas, africanos y europeos se conformaron las clases trabajadoras de Nuestra América, enriquecidas hoy por aportes de Asia y el Medio Oriente: sus diferencias étnicas de origen no deben fragmentarlas, como lo quisieran quienes explotan su trabajo, sino contribuir a la riqueza cultural que caracteriza su identidad común y que ha de desempeñar un papel fundamental en la conformación de su destino.

ÍNDICE

PREFACIO 5
PALABRAS DE MIGUEL GONZÁLEZ AVELAR . . . 9

I BALANCE GENERAL   11

MARGINALES Y ENDEUDADOS
GREGORIO WEINBERG 13
QUINIENTOS AÑOS DE AMÉRICA,
DESCUBRIMIENTOS, ENCUENTROS,
DESENCUENTROS
DOMINGO MILIANI 27
SENTIDO Y PROYECCIÓN DE 500 AÑOS
DE HISTORIA EN EL CARIBE DE LA
AMÉRICA NUESTRA
SAMUEL SILVA-GOTAY 35
EL ENCUENTRO LINGÜÍSTICO Y LA
AMÉRICA LATINA
ARTURO ARDAO 45

II QUINIENTOS AÑOS DESPUÉS.
   PROBLEMAS SOCIALES, POLÍTICOS,
   ECONÓMICOS Y CULTURALES   55

CONTRA EL MANIQUEÍSMO HISTÓRICO:
VISIÓN Y REVISIÓN DE LA HISTORIA
DE AMÉRICA
MANUEL MALDONADO-DENIS 57
LA UNIVERSIDAD LATINOAMERICANA
AL ENCUENTRO DEL FUTURO
BLANCA PARÍS DE ODDONE 69

ALGUNAS REFLEXIONES 500 AÑOS DESPUÉS
FEDERICO EHLERS 77
LOS USOS DE LA HISTORIA
BALANCE QUE SE REFIERE FUNDAMENTALMENTE
A LOS ULTIMOS AÑOS
IGNACIO SOSA 83

III PRESENCIA INDÍGENA Y SU PARTICIPACIÓN EN LA HISTORIA 91

LOS INDIOS ACTUALES DE AMÉRICA FRENTE
AL V CENTENARIO
CARLOS GUZMÁN BOCKLER 93
LA CULTURA INDÍGENA 500 AÑOS DESPUÉS
LUIS GUILLERMO LUMBRERAS 101
DISCURSO INDÍGENA Y DISCURSO DE
RUPTURA
CARLOS PALADINES E. 107

IV MESTIZACIÓN RACIAL Y CULTURAL 127

IDENTIDAD, AMPLITUD Y PLENITUD DEL
MESTIZAJE EN HISPANOAMÉRICA
JUAN A. ORTEGA Y MEDINA 129
SIMBÓLICA DEL TIEMPO Y MESTIZAJE
CULTURAL
ENRIQUE HERNÁNDEZ 137
NOTAS SOBRE EL PROBLEMA DE LA
IDENTIDAD LATINOAMERICANA
JUAN ODDONE 143
MESTIZACIÓN RACIAL Y CULTURAL EN LA
ELABORACIÓN DE UN FUTURO COMÚN
LATINOAMERICANO
OTTO MORALES BENÍTEZ 149

V ¿QUÉ HACER CON QUINIENTOS AÑOS DE HISTORIA? 167

¿QUÉ HACER CON QUINIENTOS AÑOS DE HISTORIA?
ABELARDO VILLEGAS 169
LA HISTORIA COMO REAFIRMACIÓN O COMO DESTRUCCIÓN
ALEJANDRO SERRANO CALDERA 173
CINCO SIGLOS DE AMÉRICA
GERMÁN ARCINIEGAS 191
MUNDO NUEVO
GUILLERMO CASTRO HERRERA 195

Este libro se terminó de imprimir y encuadernar en el mes de febrero de 1993 en Impresora y Encuadernadora Progreso, S. A. de C. V. (IEPSA), Calz. de San Lorenzo, 244; 09830 México, D. F. Se tiraron 2 000 ejemplares.